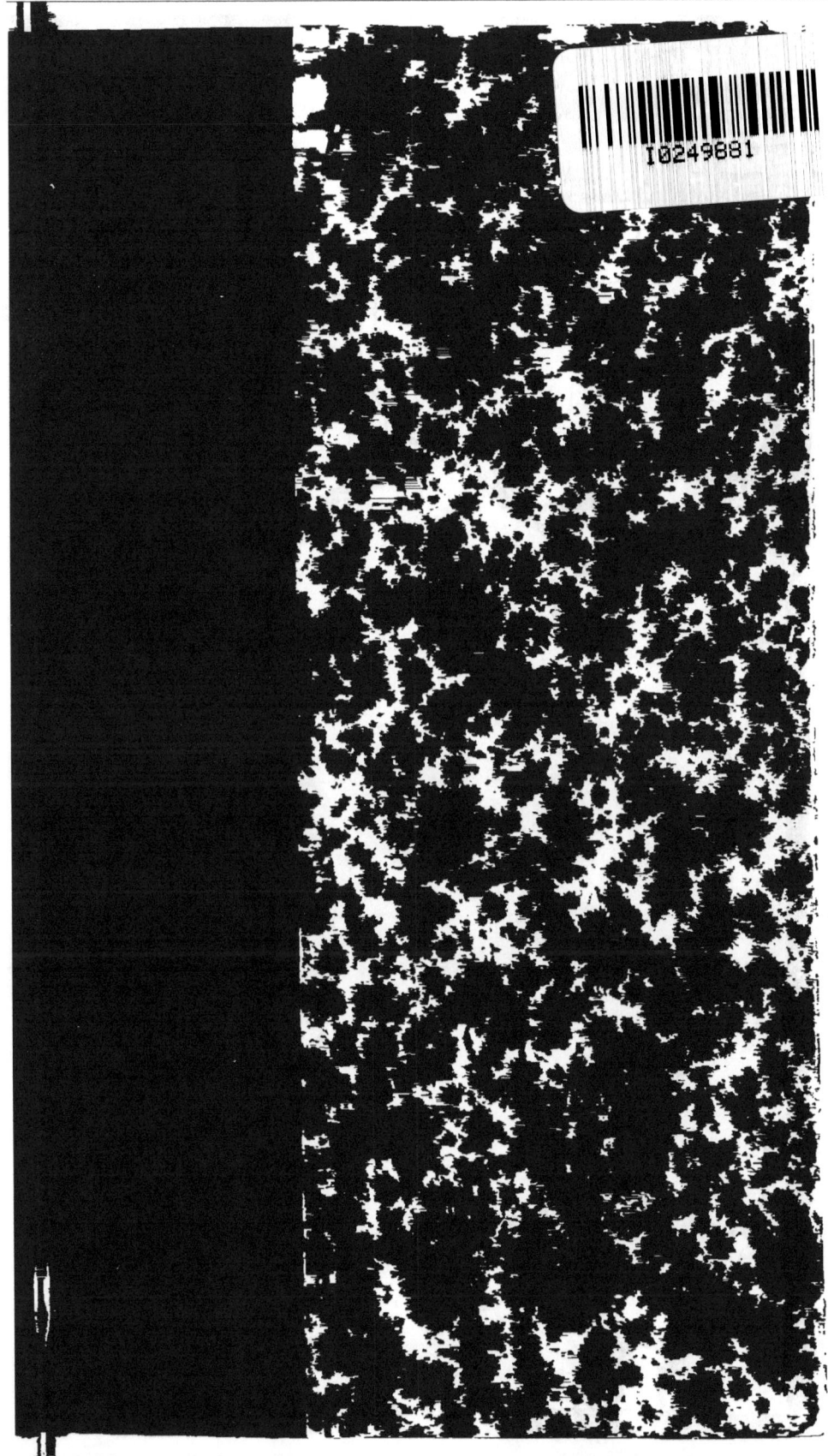

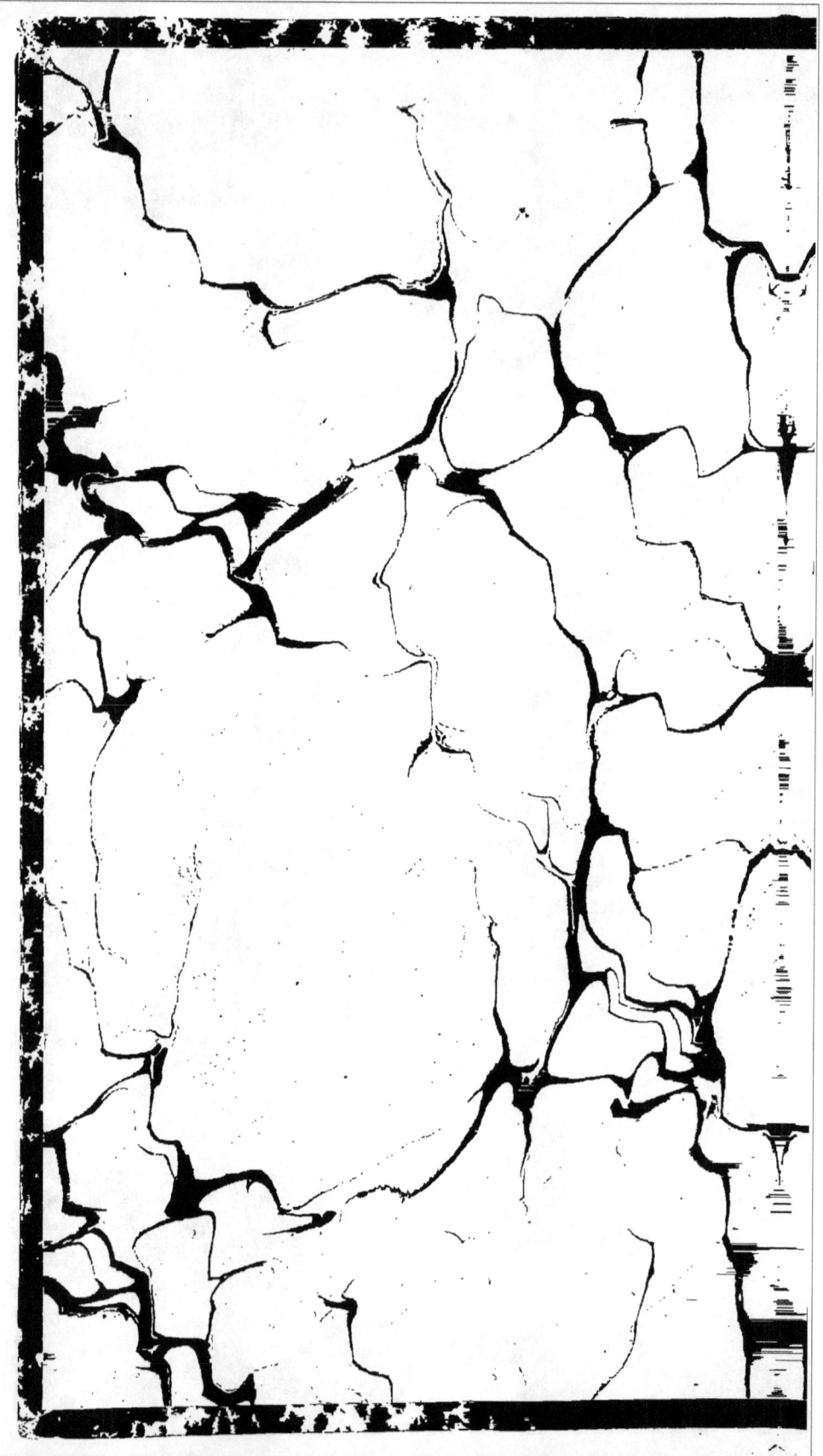

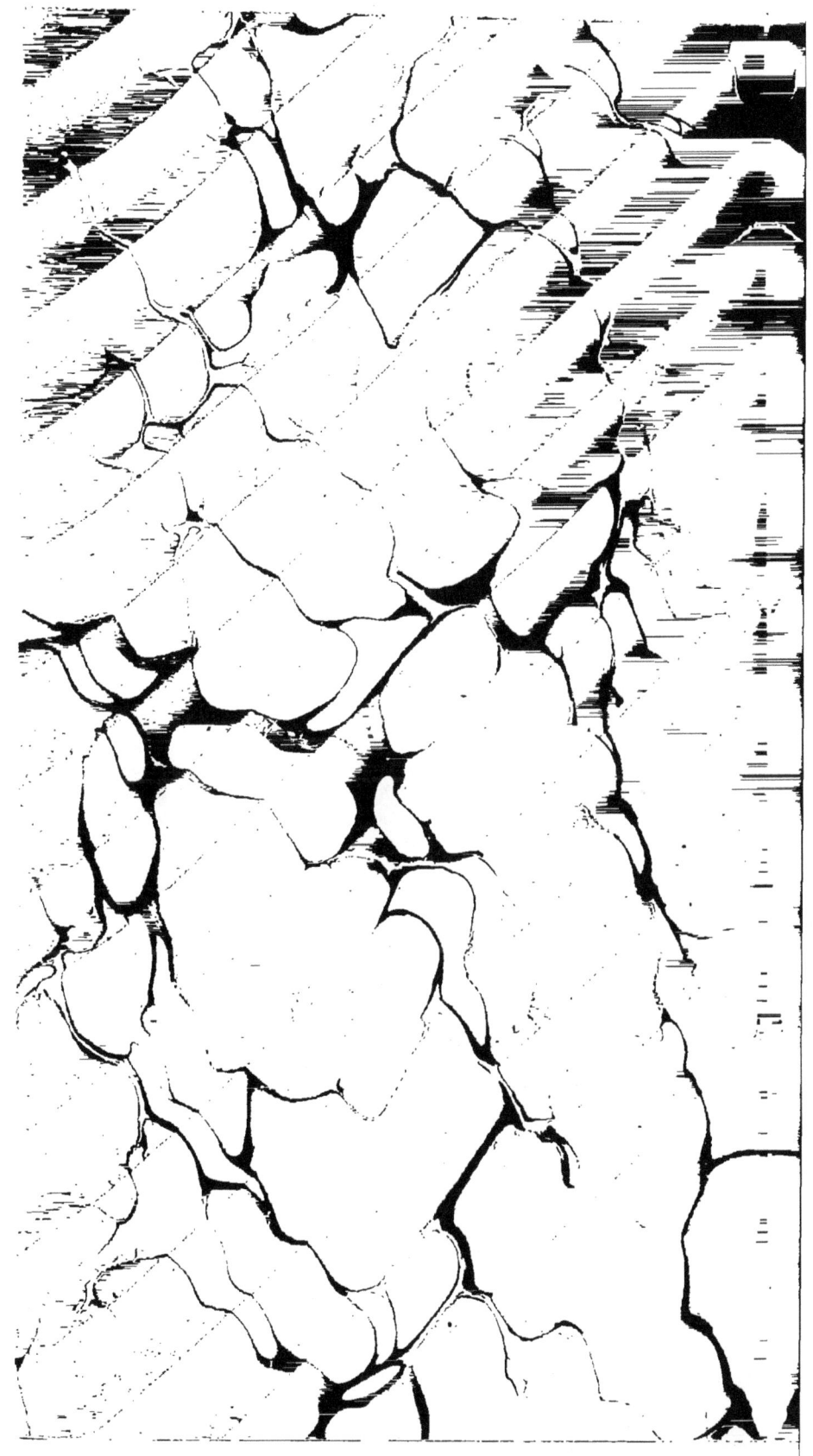

Guide des Plaisirs à Paris

*
0+1140 Illustrations
obtenues
par la
photographie
d'après nature

—

Un plan
des
Plaisirs de Paris
*

*
Les Portraits
des
plus jolies
femmes
de
Paris
*

Paris le jour

Paris la nuit

Comment on s'amuse

Où l'on s'amuse

Ce qu'il faut voir

Ce qu'il faut faire

ÉDITION ○ ○ ○ ○ ○ ○ ○ ○ ○ ○ ○
○ ○ ○ ○ PHOTOGRAPHIQUE
142, Rue Montmartre ○ ○ ○ ○
○ ○ ○ ○ ○ ○ ○ ○ ○ ○ ○ ○ ○ PARIS

Valeur en monnaies françaises, des monnaies étrangères.

FRANCE, ITALIE, SUISSE, BELGIQUE, GRÈCE.		AUTRICHE		ALLEMAGNE		HOLLANDE		ANGLETERRE			RUSSIE		ÉTATS-UNIS	
Francs	Centimes	Florins	Kreuzer	Marks	Pfennige	Florins	Cents	Schillings	Pence		Roubles	Kopecks	Dollars	Cents
	5		2				2.4		1/2			1 1/4		1
	25		10		20		12.9		2 1/2			6 1/4		5
	50		20		40		23.8		4 3/4			12 1/2		10
	75		30		60		36.7		7 1/4			18 3/4		15
1			40		80		47.6		9 3/4			25		20
1	25		50	1			60.5	1			1	31 1/4	1	25
2			80	1		1	95.2	1	7		1	50	1	40
2	50	1		2		1	19	2			1	62 1/2	1	50
3		1	20	2	40	1	43	2	4 3/4		1	75	1	60
4		1	60	3	20	1	90	3	2 1/2				1	80
5		2		4		2	38	4			2	25	2	
6		2	40	4	80	2	85	4	9 3/4		2	50	2	20
7		2	80	5	60	3	33	5	7 1/4		2	75	2	40
8		3	20	6	40	3	80	6	4 3/4				2	60
9		3	60	7	20	4	28	7	2 1/2		3	25	2	80
10		4		8		4	76	8			3	50	3	
11		4	40	8	80	5	23	8	9 3/4		3	75	3	20
12		4	80	9	60	5	70	9	7 1/4				3	40
13		5	20	10	40	6	18	10	4 3/4		4	25	3	60
14		5	60	11	20	6	65	11	2 1/2		4	50	3	80
15		6		12		7	12	12			4	75	4	
16		6	40	12	80	7	60	12	9 3/4				4	20
17		6	80	13	60	8	10	13	7 1/4		5	25	4	40
18		7	20	14	40	8	57	14	4 3/4		5	50	4	60
19		7	60	15	20	9	04	15	2 1/2		5	75	4	80
20		8		16		9	52	16			6		5	
25		10		20		11	90	1 Liv. st.				25	5	25
100		40		80		47	60	4 Liv. st.			25		20	

En France, on appelle communément 5 centimes, un *sou*. — 5 sous font 25 centimes ; 10 sous, 50 centimes ; 15 sous, 75 centimes ; 20 sous, 1 franc. On n'a qu'à multiplier le nombre de sous par 5.

Étranger,

pourquoi viens=tu à Paris ?

ARCE qu'on t'a dit et répété partout que Paris est une ville de plaisirs extraordinaires, la capitale des plaisirs du monde entier.

Le plaisir étant le seul moyen de mettre un peu d'agrément dans l'existence, on comprend que des milliers d'êtres qui travaillent ou qui s'ennuient viennent s'amuser, les uns huit jours, les autres quinze jours ou même plusieurs mois, dans la « Grande Babylone Moderne ».

Mais, ô étranger, à quoi te sert d'annoncer à tes amis « que tu vas t'amuser à Paris » — ou de t'en réjouir hypocritement au fond de ta pensée, — si, à ton arrivée sur le Boulevard de tes rêves, tu n'as pas un ami qui t'attende, un ami expérimenté, qui connaît son Paris comme sa poche et qui te serve obligeamment de compagnon, de guide, de *cicerone*, d'introducteur à la vie Parisienne.

Si tu es seul, livré à tes propres recherches et investigations, tu ne verras pas ce qu'il faut

Plan des Principaux Plaisirs

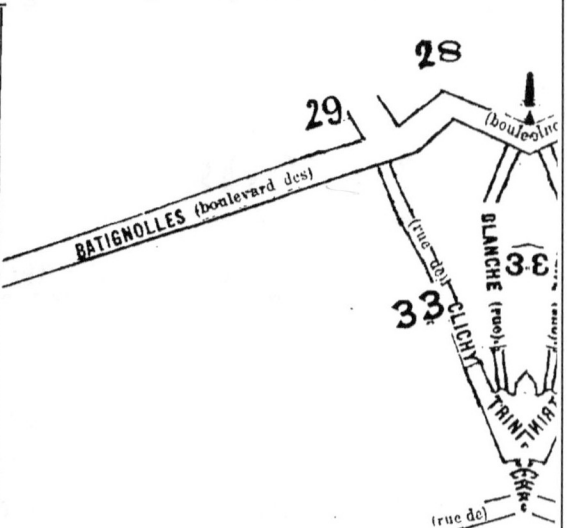

THÉATRE-FRANÇAIS.....
... Pl. du Palais-Royal. E.
OPÉRA.....
.... Pl. de l'Opéra. P.
OPÉRA-COMIQUE.....
.... Pl. Boïeldieu. H.
ODÉON.....
..... 18, pl. de l'Odéon. M.
VAUDEVILLE.....
.... Bd des Capucines. L.
VARIÉTÉS.....
...... 7, bd Montmartre. V.
GYMNASE.....
. 38, bd Bonne-Nouvelle. A.
NOUVEAUTÉS.....
.... 26, bd des Italiens. N.
PORTE SAINT-MARTIN.....
...... Bd Saint-Martin. B.
THÉATRE LYRIQUE.....
.... Bd Saint-Martin. C.
AMBIGU.....
...... Bd Saint-Martin. G.
ANTOINE.....
..... Bd de Strasbourg. Q.
CHATELET.....
.... Pl. du Châtelet. I.
GAITÉ.....
Sq. des Arts-et-Métiers. D.

SARAH BERNHARDT.....
...... Pl. du Châtelet. Y.
PALAIS-ROYAL.....
Pal.-Roy. (r. Montpens.). S.
ATHÉNÉE.....
.... Rue Boudreau. R.
OLYMPIA.....
.. 28, bd des Capucines. 1.
PARISIANA.....
.... 27, bd Poissonnière. 2.
SCALA.....
.. 13, bd de Strasbourg. 3.
ELDORADO.....
.... 4, bd de Strasbourg. 4.
VILLE JAPONAISE.....
.. 17, bd de Strasbourg. 5.
FOLIES-BERGÈRE.....
.... 32, rue Richer. 6.
AMBASSADEURS.....
Champs-Elys., côté droit. 7.
ALCAZAR.....
Champs-Elys., côté droit. 8.
CIRQUE D'ÉTÉ.....
... Av. Matignon, carré
                 Marigny. 9.
MARIGNY.....
Carré Marigny. Ch.-Elys. 10.
JARDIN DE PARIS.....
Champs-Elys. (côté g.). 11.

CAVEAU DU CERCLE.....
.. 119, bd Saint-Germain.. 12.
MOULIN ROUGE.....
.... 90, bd de Clichy.. 14.
CIGALE.....
122, bd Rochechouart. 15.
DIVAN JAPONAIS.....
.. 75, rue des Martyrs. 16.
MOULIN DE LA GALETTE.....
.... 79, rue Lepic. 17.
ENFER.....
.... 53, bd de Clichy. 18.
CIEL.....
.... 53, bd de Clichy. 19.
NÉANT.....
.... 34, bd de Clichy. 20.
CABARET DES ARTS.....
.... 30, bd de Clichy. 21.
BRUANT.....
.. 84, bd Rochechouart. 22.
MEDRANO.....
.. 63, bd Rochechouart. 23.
GAITÉ ROCHECHOUART.....
. 15, bd Rochechouart. 24.
CONSERVATOIRE DE
    MONTMARTRE.....
. 108, bd Rochechouart. 25.
TABARIN.....
.... 58, rue Pigalle. 26.

BRUANT (ALEXANDRE).....
.... 71, rue Pigalle. 27.
HIPPODROME.....
.... 1, rue Caulaincourt. 28.
CONCERT EUROPÉEN.....
.... 5. rue Biot. 29.
PETIT CASINO.....
.... 12, bd Montmartre. 30.
NOUVEAU CIRQUE.....
. 251, rue Saint-Honoré. 31.
NOUVEAU THÉATRE.....
.... 15, rue Blanche. 32.
CASINO DE PARIS.....
16, rue de Clichy et 15,
            rue Blanche. 33.

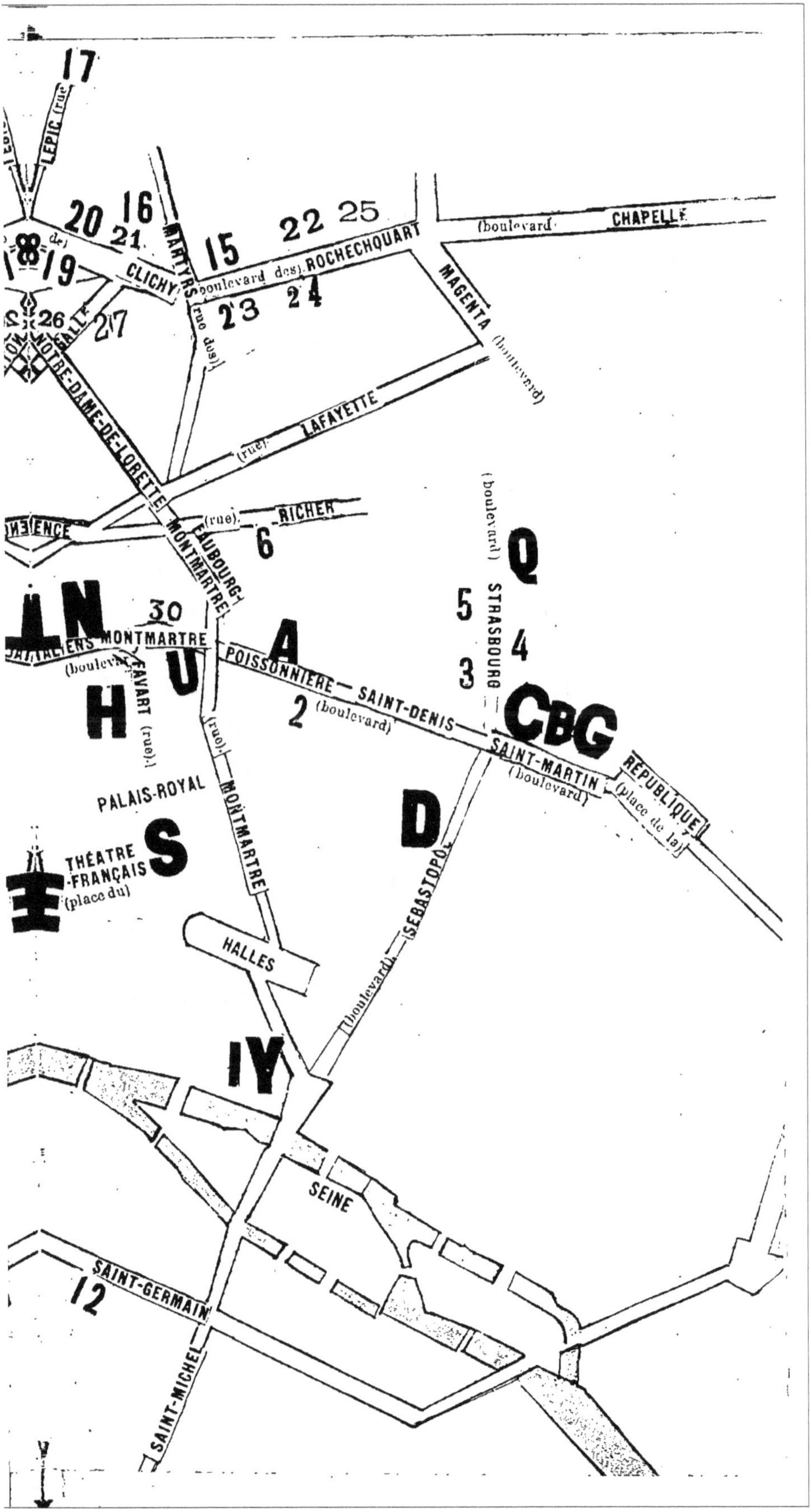
17
LEPIC (rue)
20
16
21
19
26
27
CLICHY
MARTYRS
(rue des)
15
22
25
(boulevard des) ROCHECHOUART
23
24
(boulevard) CHAPELLE
MAGENTA
(boulevard)
NOTRE-DAME-DE-LORETTE
(rue) LAFAYETTE
(rue) RICHER
FAUBOURG-MONTMARTRE
6
(boulevard) STRASBOURG
Q
5
4
3
30
N
A
MONTMARTRE
POISSONNIÈRE
SAINT-DENIS
(boulevard)
2
U
H
FAVART (rue)
(rue) MONTMARTRE
CBG
SAINT-MARTIN
(boulevard)
RÉPUBLIQUE
(place de la)
PALAIS-ROYAL
D
THÉATRE FRANÇAIS
(place du)
S
SEBASTOPOL
(boulevard)
HALLES
IY
SEINE
12
SAINT-GERMAIN
SAINT-MICHEL

voir, en dehors des marges du *Bædecker* et du *Joanne* : tu ne connaîtras pas les **coulisses de Paris**, — tu ne pénétreras pas dans le Labyrinthe, de peur de te perdre et d'être dévoré par les sirènes. Paris ne te révèlera aucun de ses secrets, tu ne savoureras pas ses plaisirs, et tu rentreras chez toi sans avoir vu de près ces deux êtres si curieux et si singuliers : **le Parisien et la Parisienne.**

Cher étranger, ce petit livre est destiné à te servir de guide et de pilote au milieu des récifs de velours de l'océan parisien ; c'est la barque sur laquelle tu peux monter sans crainte de naufrage pour explorer toutes les côtes, toutes les îles, toutes les baies dont les noms ne figurent pas sur les plans et dans la géographie ordinaire de Paris.

En *cicerone* expert, en aimable et gai compagnon, je te ferai **visiter Paris dans ses détails intimes** ; je ne te conduirai que là où l'on ne s'ennuie pas, où l'on vit joyeux !

Confie-toi à moi, ô noble étranger ; je suis là pour garder ta bourse, ton estomac et ton... cœur.

TABLE DES MATIÈRES

GUIDE DES PLAISIRS DE PARIS

Valeurs en monnaies françaises des monnaies étrangères.................. II
Étranger, pourquoi viens-tu à Paris ?..... III

CALENDRIER DES PLAISIRS ET DES CURIOSITÉS DE PARIS

Plaisirs et promenades que l'on peut s'offrir à Paris de 8 heures du matin à 7 heures du soir................................. 1
De 8 h. 1/2 à minuit. — De minuit à 5 h. du matin................................. 2
Plaisirs et promenades particulières à chaque jour de la semaine............ 3

PARIS LA NUIT

L'arrivée................................. 5

PARIS A TABLE. — LES RESTAURANTS

Les meilleurs restaurants sur les grands boulevards........................... 9
Durand. — Larue........................ 9
Lucas. — Café de la Paix............... 10
Julien. — Café Américain............... 11
Café Anglais. - Paillard. - La Maison Dorée. 12
Le Café Riche. — Noël et Peters........ 13
Marguery................................ 14
Restaurant Maire........................ 14

RESTAURANTS DANS LES ENVIRONS DES GRANDS BOULEVARDS.

Café de Paris. — Joseph................ 15
Restaurants Champeaux et Viau......... 16

RESTAURANTS DE LA RIVE GAUCHE

Lapérouse............................... 16
La Tour d'argent........................ 17
Foyot. — Restaurant et Hôtel Lavenue.. 17

AUX CHAMPS-ÉLYSÉES.

Le Doyen................................ 18
Paillard................................. 18
Restaurant des Ambassadeurs........... 19
Restaurant de l'Alcazar................. 19

RESTAURANTS DU BOIS DE BOULOGNE.

Pavillon chinois et pavillon d'Armenonville. 20
Pavillon du château de Madrid.......... 20
Pavillon de la Cascade.................. 20
Restaurant du Touring-Club............. 21

RESTAURANTS EXOTIQUES

Anglais. — Autrichiens. — Italiens. — Espagnols. — Russe. — Turc. — Grecs. 22

TAVERNES ET BRASSERIES

Taverne Royale.......................... 23
Tourtel................................. 23
Taverne Olympia......................... 24
Brasserie universelle................... 25
Taverne Pousset. — Taverne Zimmer..... 26
Taverne de la Capitale.................. 26
Taverne de l'Espérance.................. 27

LES BOUILLONS

Bouillons Duval......................... 27
Bouillons Boulant....................... 28
Les Plats Parisiens..................... 28
Les Huîtres............................. 29

LES THÉATRES

Théâtres-Spectacles..................... 31
Théâtre Français........................ 31
Opéra................................... 33
Opéra-Comique........................... 35
Odéon................................... 36
Gymnase................................. 37
Vaudeville.............................. 37
Théâtre Antoine......................... 38
Théâtre Sarah Bernhardt................. 39
Théâtre de la Porte Saint-Martin....... 39
Théâtre du Palais-Royal................. 40
Nouveautés.............................. 40
Variétés................................ 41
Bouffes-Parisiens....................... 41
Ambigu-Comique.......................... 42
Théâtre du Châtelet..................... 42
Gaîté................................... 43
Cluny................................... 43
Déjazet................................. 44
Opéra populaire......................... 44
Renaissance............................. 44
Théâtre de l'Athénée.................... 44
Théâtre de la République................ 61
Nouveau Théâtre......................... 45
La Bodinière............................ 45
Les Mathurins........................... 45
Théâtre lyrique de la galerie Vivienne. 46
Le grand Guignol........................ 46
Bouffes du Nord......................... 46
Théâtre Robert-Houdin................... 47
Les Capucines........................... 47
L'Alhambra de Paris..................... 64
Le Nouveau-Cirque....................... 47
Cirque d'Hiver.......................... 48
Cirque Palace des Champs-Élysées....... 48
Cirque Médrano.......................... 48
Hippodrome.............................. 49

LES CAFÉS-CONCERTS ET LES MUSIC-HALLS

Folies-Bergère.......................... 50
Casino de Paris......................... 52
Olympia................................. 54
Jardin de Paris......................... 57
La Scala................................ 58
L'Eldorado.............................. 59
Parisiana............................... 60
Folies-Marigny.......................... 61
Alcazar d'Été........................... 61
Ambassadeurs............................ 62
Ba-ta-clan.............................. 63
Le Petit Casino......................... 63
Concert Persan.......................... 64
Concert de l'horloge.................... 64
Concert de l'Époque..................... 64
Concert Lefort.......................... 65
Concert Bobino.......................... 65
Concert de la Pépinière................. 65

TABLE DES MATIÈRES

Grand Concert de la Presse	66
La Ville Japonaise	66
Les Noctambules	67
Athénée Saint-Germain	67
Concert de la Gaîté Montparnasse	68
Concert Rouge	69
Le Caveau du Cercle	69

MONTMARTRE

Le Moulin Rouge	70
Le Moulin de la galette	77
Le Divan Japonais	78
La Cigale	79
Le Cabaret du Ciel	79
Le Cabaret de l'Enfer	80
Le Cabaret du Néant	82
Le Cabaret Bruyant	83
Le Cabaret Bruant	85
Les « Quatr-z-arts »	87
Le Cabaret des Arts	87
Le Tréteau de Tabarin	88
L'Alouette	88
Le Conservatoire de Montmartre	89
La Côte d'azur	90
La Gaîté Rochechouart	90
Grand Concert européen	91
Le Carillon	91
Cabaret de l'Ane rouge	92
Auberge du clou	92
La Gaîté Caulaincourt	94
L'Abreuvoir	94
Le Lapin agil'	94
Les Folies Parisiennes	95
La Boîte à Fursy	95
Le Gourbi	96

LES BALS

Les bals publics	97
Bal Bullier	98
Salle Wagram	102
Tivoli Vaux-Hall	103
Bal des Mille-Colonnes ou bal Beuzon	104
Casino du XIII° arrondissement	105
Bal Octobre	106
Les Brasseries de Femmes	107

SOUPEURS ET SOUPEUSES

Restaurant Bar Maxim's	110
Café Américain	111
Café de Paris	112
Vetzel	113
Sylvain	114
Le Coq d'Or	114

LES RESTAURANTS DE MONTMARTRE

Le Hanneton	115
La Vache enragée	116
L'Abbaye de Thélème	116
Le Rat Mort	118
Café de la Place Blanche	118
Tréteau de Tabarin	120
Le Capitole	120

LES DESSOUS DE PARIS

Les Dessous de Paris	122
Du boulevard Montmartre à la rue Pirouette	123
L'Ange Gabriel	124
La Rue Quincampoix et la rue de Venise	127
La rue Beaubourg	128
L'Auberge à 4 sous	129
Le Caveau	131

Le Chien qui fume	133
Le Grand Comptoir	134
Cuisine en plein vent	134
Le Réveil des Halles	135
Les Sous-sols	137
Le Père Coupe-Toujours	138

SUR LA RIVE GAUCHE

Le père Lunette	139
Bals Musette et bals de Barrière	142
Bals-Musette de la rue Mouffetard	143
Bals-Musette	143
Bals de Barrière	144

PARIS LE JOUR

LES GRANDS BOULEVARDS

On voit défiler Paris	146
Le rendez-vous de la Haute Noce	148
Le boulevard de la Madeleine	149
Le boulevard des Capucines	150
La rue de la Paix	150
Avenue de l'Opéra	152
Le boulevard des Italiens	153
Le boulevard Montmartre	154
Le boulevard Poissonnière	155

LE QUARTIER LATIN

Le boulevard Saint-Michel et le Quartier Latin	156
Le Jardin du Luxembourg	160
L'Heure de la Musique	161

SUR LA SEINE

Sur la Seine. — Promenade en bateau	162

AUTOUR DES HALLES

Autour des Halles	170

LE BOIS DE BOULOGNE

Le bois de Boulogne	173
La Promenade de l'Europe	173
L'Heure du Bois	174
Pour aller au Bois	175

LES COURSES

Le Pari Mutuel	179
Les Bookmackers	180
Le Grand Prix	180
PETITS CONSEILS	182
ARGOT PARISIEN	186
CÉLÉBRITÉS PARISIENNES	193

RENSEIGNEMENTS NÉCESSAIRES

Tarif des Voitures de Place	201
Omnibus et tramways	201
Bateaux Parisiens	203
Le Touriste	204
Le Métropolitain	205
Voitures automobiles	205
Les Commissionnaires	206
Principaux cercles et clubs parisiens	206
Postes, télégraphes, téléphones	206
Fêtes foraines	209
Musiques militaires	209
Musées de figures de cire	210
Panoramas	210
Massage	210
Somnambules	210
Cartomanciennes et chiromanciennes	211
Bars	211

Table Alphabétique

A

Avenue de l'Opéra	152
Argot parisien	182
Café Américain	11
L'Arrivée (V. Paris la Nuit)	5
Café Anglais	12
Restaurant des Ambassadeurs	19
Restaurants Anglais	22
Restaurant de l'Alcazar	19
L'Alhambra de Paris	44
Théâtre de l'Athénée	44
Ambigu-Comique	42
Théâtre Antoine	38
Athénée Saint-Germain	68
Auberge du Clou	92
L'Alouette	88
L'Ange Gabriel	124
L'Abreuvoir	94
L'Auberge à 4 sous	129
L'Abbaye de Thélème	116

B

Bateaux Parisiens	203
Le boulevard Saint-Michel et le Quartier Latin	156
Bars	211
Le Boulev. Poissonnière	155
Le Boulev. des Italiens	153
Le Boulev. des Capucines	150
Bois de Boulogne	173
Les Grands Boulevards	145
L'Heure du Bois	174
Pour aller au Bois	175
Bals de Barrière	144
Le Boulev. Montmartre	154
Le Boulevard de la Madeleine	149
Bals-Musette	143
Les Brasseries de femmes	107
Les Bookmackers	180
Brasserie Universelle	25
Bouillons Boulant	28
Les Bouillons	27
Restaurants du Bois de Boulogne	20
Bateaux-Omnibus	203
Concert Bobino	65
Bouffes-Parisiens	41
Bouffes-du-Nord	46
Ba-ta-Clan	63
La Bodinière	45
Les Bals	97
Bals publics	97
La Boîte à Fursy	95
Bal Bullier	98
Bal Octobre	106
La rue Beaubourg	128
Bals Musette	143
Bals de Barrière	143
Bar Maxim's (V. Restaurant Maxim's)	110
Du boulev. Montmartre à la rue Pirouette	123

C

Bal du Casino du XIII° arrondissement	105
Bal Tivoli-Vaux-Hall	103
Bal Wagram	102
Bal des Mille-Colonnes	104
Cartomanciennes et Chiromanciennes	211
Petits Conseils	182
Les Commissionnaires	206
Les Courses	178
Restaurant Champeaux	16
Café de Paris	15
Aux Champs-Elysées	18
Change	11
Taverne de la Capitale	26
Calendrier des Plaisirs	1
Théâtre du Châtelet	42
Les Capucines	47
Cafés-Concerts et Musics-Halls	50
Cirque Médrano	48
Cluny	43
Cercles et Clubs	206
Grand Concert de la Presse	66
Concert de la Pépinière	65
Casino de Paris	52
Concert Lefort	65
La Cigale	79
Le Carillon	91
Cabaret de l'Ane Rouge	92
Le Cabaret du Néant	82
Le Cabaret de l'Enfer	80
Le Cabaret du Ciel	79
Le Cabaret Bruyant	83
Le Cabaret Bruant	85
Le Conservatoire de Montmartre	89
Café Vetzel	113
Le Cabaret des Arts	87
Cuisine en plein vent	134
La Côte d'Azur	90
Café de la Place Blanche	118
Le Chien qui fume	133
Le Caveau	131
Café Américain	11
Café de Paris	15
Le Capitole	120
Célébrités Parisiennes	193

D

Bouillons Duval	27
Restaurant de la Maison Dorée	12
Restaurant Durand	9
Déjazet	43
Le Divan Japonais	78
Les Dessous de Paris	122

Taverne de l'Espérance	27
Restaurants des Environs des Grands Boulevards	15
Etranger, pourquoi viens-tu à Paris ?	111
L'Eldorado	59
Concert de l'Époque	64
Grand concert Européen	91

F

Fêtes Foraines	209
Fiacres	201
Restaurant Foyot	17
Folies-Marigny	61
Théâtre Français	31
Folies-Bergère	50
Les Folies Parisiennes	95

G

Le Gourbi	95
Le Grand Prix	180
Le Grand-Guignol	46
Café des Galeries Saint-Martin	67
Gymnase	37
Gaîté	43
Concert de la Gaîté-Montparnasse	68
La Gaîté-Rochechouart	90
La Gaîté-Caulaincourt	94
Le Grand Comptoir	134

H

Halls-Musicaux	50
Le Hanneton	115
Théâtre Robert-Houdin	47
Autour des Halles	170
Hôtel Lavenue (V. Restaurant)	17
Concert de l'Horloge	64
Cirque d'Hiver	48
Hippodrome	49
Les Huîtres	29

J

Le Jardin du Luxembourg	160
Restaurant Joseph	15
Restaurant Julien	11
Jardin de Paris	57

L

Restaurant Lapérouse	16
Restaurant Lavenue	17
Restaurant Lucas	10
Restaurant Le Doyen	18
Restaurant Larue	9
Théâtre Lyrique de la Galerie Vivienne	46
Le Lapin Agil'	94

M

Musiques Militaires	209
Musées de figures de cire	210
L'Heure de la Musique	161
Le Métropolitain	205

TABLE ALPHABÉTIQUE

Bals-Musette de la rue Mouffetard.	143
Café de la Paix	10
Massage	210
Restaurant Maire	14
Restaurant Marguery	14
Les Meilleurs restaurants.	9
De 8 heures et demie à minuit. De minuit à 5 heures du matin	9
Monnaies	2
Musics-Halls	50
Montmartre	70
Les Mathurins	45
Le Moulin-Rouge	70
Le Moulin de la Galette.	77
Maxim's (V. Restaurant Maxim's)	

N
Nouveautés	40
Nouveau Théâtre	45
Le Nouveau-Cirque	47
Les Noctambules	67

O
Omnibus et Tramways	202
On voit défiler Paris	146
Taverne Olympia	24
Olympia	54
Odéon	36
Opéra populaire	44
Opéra	33
Opéra-Comique	35

P
Postes	206
La rue de la Paix	150
Le Pari-Mutuel	179
La Promenade de l'Europe	173
Paris le jour	145
Panoramas	210
Pavillon chinois	20
Pavillon d'Armenonville	20
Pavillon du Château de Madrid	20
Pavillon de la Cascade	20
Taverne Pousset	26
Café de la Paix	10
Restaurant Paillard	12
Restaurant Paillard	18
Pourboires	185
Paris à table. — Ses Restaurants	9
Plaisirs et Promenades	1
Plaisirs V. Calendrier)	1
Paris la Nuit	5
Théâtre de la Porte-Saint-Martin	29
Théâtre du Palais-Royal.	40
Cirque Palace des Champs-Elysées	48
Concert Persan	64
Les Plats Parisiens	28
Parisiana	60
Le Père Coupe-Toujours.	138
Le Père Lunette	139

Q
Le Quartier Latin	156
Les « Quatr-z-arts »	87
La Rue Quincampoix et la rue de Venise	127

R
Renseignements nécessaires	201
Le Rendez-vous de la Haute-Noce	148
Restaurants Espagnols	22
Restaurants exotiques	22
Restaurants Russes	22
Le Café Riche	13
Restaurants de la Rive Gauche	16
Restaurants Italiens	22
Restaurants Autrichiens	22
Restaurants Grecs	22
Restaurants Turcs	22
Restaurant Noël et Peters.	13
Renaissance	44
Théâtre de la République.	
Restaurant du Coq-d'Or.	
Restaurants de Montmartre	115
Restaurant Sylvain	114
Le Rat mort	118
Le Réveil des Halles	195
Sur la Rive Gauche	139
Restaurant-Bar Maxim's.	110
Taverne Royale	23

S
Sur la Seine	162
Somnambules	210
Théâtre Sarah-Bernhardt.	39
Spectacles	31
La Scala	58
Salle Wagram	102
Soupeurs et Soupeuses	108
Soupers (V. Soupeurs)	
Les Sous-sols	137

T
Télégraphes	206
Téléphones	206
Tarif des Voitures de Place	201
Tramways et Omnibus	202
Tavernes et Brasseries	23
Restaurant de la Tour-d'Argent	17
Le Touriste	204
Taverne Tourtel	23
Théâtres	31
Le Tréteau de Tabarin	88
Tréteau de Tabarin	120

V
Voitures automobiles	205
Restaurant Viau	16
Valeurs	
La Ville Japonaise	66
Vaudeville	37
Variétés	41
La Vache enragée	116

Z
Taverne Zimmer	26

Calendrier des Plaisirs et des Curiosités de Paris

> Les plaisirs de Paris sont à la fois des plaisirs des yeux et de l'intelligence. Ils sont aussi nombreux que variés et attrayants ; il y en a pour tous les goûts, pour toutes les bourses. Aussi avons-nous pensé être utile aux étrangers en classant, dans une sorte de calendrier, jour par jour et heure par heure, tout ce qu'on peut voir à Paris et dans les environs d'intéressant et de curieux.

Plaisirs et Promenades que l'on peut s'offrir à Paris de 8 h. du m. à 7 h. du s.

(Une * signifie " sauf le dimanche ", deux ** " sauf le lundi ")

I. — PARCS, BOIS, JARDINS, ETC.

Du lever du soleil à la nuit. — Les Bois de Boulogne, de Vincennes, le Parc Monceau, les Buttes-Chaumont, le Jardin des Tuileries, du Luxembourg, le Jardin des Plantes, le Parc de Montsouris, le Jardin d'Acclimatation. — Le Cimetière du Père-Lachaise.

II. — MUSÉES

De 10 h. à 4 h. en hiver; de 9 h. à 5 h. en été……	Le Louvre **. — Le Luxembourg **. — Le Musée des Beaux-Arts (en sem. avec un gardien ; public, le dim.).
De 11 h. à 4 h. en hiver; de 11 h. à 5 h. en été……	Les Musées de Cluny ** ; — Carnavalet ** ; — Du Trocadéro *. — Musées Dupuytren et Orfila (École de médecine *) (Avec autorisation du doyen de la Faculté). — De Versailles, et salle du Jeu de Paume **.
De 11 m. à 11 h. s.	Musée Grévin.
De midi à 4 h.……	Musée Galliéra **. — Musée céramique de Sèvres.
De midi à 4 h. en hiver ; de midi à 5 h. en été……	Musée Guimet.

III. — MONUMENTS ET PALAIS

De 10 h. à 3 h. en hiver ; de 10 h. à 5 h. en été……	Arc-de-Triomphe de l'Étoile. — Panthéon **. — Colonne de Juillet. — Bibliothèque Nationale *. — Colonne Vendôme.
De 9 h. à 5 h.……	Chambre des Députés, les jours où il n'y a pas de séance. — Palais du Sénat *.

De midi à 4 h...... Le Palais de Justice ✻.
De midi à 3 h...... La Bourse ✻.
De 2 h. à 3 h...... L'Hôtel-de-Ville (salle des Fêtes).

IV. — LES GRANDES ÉGLISES

De 6 h. m. à 6 h. s. Notre-Dame (Trésor ✻✻ de 10 h. à 4 h.) — La Madeleine.
De 9 h. m. à 6 h. s. Le Sacré-Cœur ✻. — Église russe de la rue Daru.
De 11 h. à 4 h...... La Sainte-Chapelle ✻✻.

V. — PANORAMAS, DIORAMAS, CINÉMATOGRAPHES

De 8 1/2 m. à 7 s... Diorama de Jérusalem (rue Lamarck, près du Sacré-Cœur). — Panorama de la Bastille (Pl. Mazas). — Des guerres de l'Empire (Trocadéro).
De 2 h. à 6 h....... Cinématographe Lumière, 6, boulev. Saint-Denis. — Frontin, 6, boulev. Poissonnière.

VI. — LIEUX DE SPORTS

De 8 m. à 7 h. s.... Vélodrome du Parc des Princes (Bois de Boulogne).

DIVERS

A 4 h.............. Five-o'clock au *Café de Paris* ; à *l'Hôtel Ritz* ; au *Palace-Hôtel*, av. des Champs-Élysées ; au *Thé de la librairie Neal*, 278, rue de Rivoli ; au *Thé de la rue Cambon* (très « select »). — Goûters aux Pâtisseries *Favart*, 9, boulev. des Italiens ; *Frascati*, 21, boul-v. Montmartre.
De 4 h. à 6 h. 1/2... Apéritif-concert au *Café des Princes* (boulev. Montmartre) ; au *Café de la Rotonde* ; à *l'Eldorado* ; au *Petit-Casino*.
De 5 h. à 7 h....... Promenade en voiture au Bois ; allée des Acacias, très mondaine.
A 6 h.............. Apéritif aux cafés du boulev. des Italiens et du boulev. Montmartre, ou du boulev. Saint-Michel.
A 6 h.............. Au Pré-Catelan, rendez-vous, « select », pour boire du lait chaud.

DE 8 H. 1/2 A MINUIT

Les *Théâtres*, les *Cirques*, les *Music-halls*, les *Cafés-concerts*, les *Bals*, les *Cabarets artistiques* et les *Caveaux* (voir *Paris la nuit*).

DE MINUIT A 5 HEURES DU MATIN

Après minuit, promenade dans les cafés et les restaurants de nuit de la Butte-Montmartre. La plupart des cabarets comme *Bruant, Bruyant*, les *Quat'-z-Arts*, etc., restent ouverts jusqu'à 2 h. du matin.

L'*Abbaye de Thélème*, le *Café de la Place Blanche*, le *Café de la Nouvelle Athènes*, le *Restaurant du Rat-Mort*, etc., sont ouverts toute la nuit.

Se faire conduire dans le *quartier des Halles*, si curieux la nuit ; aller souper chez *Baratte* (prix élevés), visiter le *Caveau*, puis l'*Ange Gabriel* et les *Bouges* du Paris inconnu (voir *Paris la nuit ; Soupeurs et Soupeuses*).

A l'aube, aller se coucher, ou se faire conduire en voiture au Pré-Catelan (lait chaud).

Plaisirs et Promenades particulières à chaque jour de la semaine.

LE DIMANCHE

On réserve de préférence pour le dimanche les excursions à *Robinson*, *Saint-Cloud*, *Vincennes* et *les bords de la Marne*, *Versailles* et *Saint-Germain* (le musée, le château, la forêt), *Chantilly*, etc., etc.

A 10 h. 1/2.......	Départ pour Saint-Germain par le bateau « le Touriste ».
A 10 h. 1/2.......	Les dimanches de grandes fêtes religieuses, messe en musique à *Saint-Sulpice*, *La Madeleine*, *Saint-Eustache*, *l'Église russe*, etc.
De 10 h. à 4 h.....	Visite aux Musées Cernuschi, des Arts et Métiers, au Jardin des Plantes (sans carte), au donjon de Vincennes.
De 11 h. à 4 h......	Au Musée Carnavalet.
De midi à 3 h......	Musée militaire et Tombeau de Napoléon, aux Invalides.
A 1 h. 1/2.........	Matinées dans les principaux théâtres. Matinées de famille à l'*Olympia*, ou chez *Robert Houdin* (voir les journaux et les affiches sur les colonnes).
A 3 h.............	Jardin d'Acclimatation (concerts).
De 4 h. à 5 h......	Concerts aux Tuileries, au Luxembourg, au Palais Royal, au Jardin des Plantes, aux Buttes-Chaumont, au Parc-Monceau, au square des Batignolles.
A 8 h. 1/2.........	Bullier (jour populaire) et les bals publics de quartier : salle Wagram (39 *bis*, avenue Wagram) ; Moulin de la Galette, rue Lepic ; bal des Mille Colonnes, rue de la Gaîté, 20 *bis* ; Casino du XIIIe, avenue de Choisy, 122 (voir *Paris la nuit*).

LUNDI

De midi à 3 h......	Les Invalides (Tombeau de Napoléon seulement).
De midi à 4 h......	Le Musée du Conservatoire. — Les ateliers de la manufacture de Sèvres.
A 8 h. 1/2.........	A l'Opéra : jour « sélect ».

MARDI

De 10 h. à 4 h.....	Musée Cernuschi. — Galerie du Jardin des Plantes (avec carte). — Bibliothèque nationale (cabinet des médailles). — Conservat. des Arts et Métiers.
De 11 h. à 4 h.....	Musée Carnavalet.
De 11 h. 1/2 à 4 h.	Musée de Saint-Germain.
De 1 h. à 3 h......	La Monnaie (avec autor. du direct.).
A 8 h. 1/2.........	A la Comédie-Française (jour « sélect »).

MERCREDI

De 1 h. à 3 h......	La manufacture des Gobelins.
A 8 h. 1/2.........	A l'Opéra, jour sélect. — Casino de Paris et Moulin-Rouge (fête de nuit).

JEUDI

De 10 h. à 4 h.....	Comme le dimanche.
A 10 h. 1/2........	—
De 11 h. à 4 h.....	—
De 11 1/2 à 4 h....	—
De midi à 3 h......	—
De midi à 4 h......	Manufacture de Sèvres (ateliers). — Musée du Conservatoire.
De 1 h. 1/2 à 8 h...	Comme le dimanche. — A Bullier (jour « select »).

VENDREDI

De 10 h. à 4 h.....	Galeries du Jardin des Plantes (avec carte). — Bibliothèque nationale (cabinet des médailles).
De midi à 3 h.....	Les Invalides (Tombeau seulement).
De 1 h. à 3 h......	La Monnaie (vendredi et mardi).

SAMEDI

A midi 3/4.......	Les Catacombes (Place Denfert-Rochereau) (le 1er et 3e samedi du mois).
De 1 h. à 3 h.....	La manufacture des Gobelins.
A 2 h............	L'Observatoire (le 1er samedi de chaque mois).

Paris la Nuit

L'ARRIVÉE

On peut arriver à Paris par dix gares différentes, toutes, sauf la gare de Saint-Lazare ou de l'Ouest, passablement éloignées du centre.

Vaut-il mieux faire son entrée dans la grande capitale le matin ou le soir ?

Le matin, Paris n'a pas encore fait sa toilette, il se montre dans un déshabillé laid ou maussade, les rues sont désertes, les ordures à peine enlevées : c'est la scène de l'Opéra vue par derrière, la salle vide, sans lustre allumé, sans orchestre, sans public, sans chanteurs, sans chanteuses ni danseuses.

Le spectacle n'est pas commencé. Les jolies femmes de Paris dorment encore ; seule, dans sa mansarde, **Jenny** l'ouvrière pressée d'ouvrage s'est levée à l'aube pour faire sa toilette.

Près des gares, les restaurants et les cafés s'animent à mesure que les trains arrivent. **Gervaise** ouvre sa boutique et **Coupeau** entre à l'Assommoir.

Près d'un kiosque, la marchande

Ouvrière à sa toilette.

de journaux plie sur une petite table volante les feuilles du matin encore tout humides d'encre.

A la crémerie en plein vent, des ouvrières matinales qui ne descendent vraisemblablement pas de leur sixième étage mais des **grisettes de Paul de Koch et de Murger**, boivent un bol de café chaud ; et, au bout de la rue, on aperçoit la petite bouquetière qui revient des Halles avec un panier et une grande gerbe de fleurs.

Marchande de journaux.

Aux lumières, le soir, le spectacle de Paris en fête, de Paris en toilette décolletée, faisant à de nobles étrangers, comme une grande dame, **les honneurs de son salon et de son alcôve**, le spectacle de Paris est grandiose ; il a conservé quelque chose de royal et de somptueux dans l'étalage de ses tentations et de ses péchés.

C'est bien le Paris étincelant et superbe de Zola : l'encombrement énorme, la cohue sur la chaussée, le long des trottoirs, entre les colonnes et les kiosques multicolores.

Les voitures roulent avec un grondement de fleuve ; et, de toutes parts, la foule des fiacres est sillonnée par les manœuvres lourdes des grands omnibus, semblables à d'éclatants vaisseaux de haut bord ; tandis que le flot des piétons ruisselle sans cesse, des deux côtés, à l'infini, et jusque parmi les roues, dans une hâte conquérante de fourmilière en révolution.

D'où sort tout ce monde ? Où va-t-il ? Où courent ces files de voitures ?

Au Plaisir ! A l'Amour !

Quand les globes électriques flamboient, quand

Sur les boulevards.

les magasins s'allument comme des autels, Paris a fini sa dure journée, il éprouve un besoin de détente et de lassitude, il oublie ses affaires dans la joie et le plaisir, il s'entasse dans les cafés où jouent des orchestres, dans les restaurants aux cuisines savantes, dans les brasseries où mousse la bière de Munich, chez les marchands de vin dont les comptoirs de métal — les « assommoirs » — étincellent, comme s'ils étaient en argent ; dans les théâtres et les Music-

Halls où s'exhibent des femmes en toilette merveilleuse de grandes mondaines, ou en maillot qui les montre nues.

Paris entre en rut avec la nuit. Il est « pris d'une gaîté de jouissance cédant à l'appétit déchaîné de tout ce qui s'achète ».

L'impression est saisissante, la sensation inoubliable.

On a de Paris une vision sardanapalesque, qui se grave pour toujours dans l'œil et la mémoire. **C'est le grand banquet de la joie et du plaisir** auquel sont conviés tous ceux qui arrivent avec assez d'or pour payer leur place.

A ceux qui viennent pour la première fois à Paris, qui veulent connaître tout de suite le Paris du Plaisir et de la « Noce », éprouver la sensation délicieuse de se trouver tout à coup transporté des rues monastiques et silencieuses d'une ville de province au milieu des feux de joie de la grande ville, qui crie, qui chante, qui mange, qui boit, qui se trémousse et qui danse jusqu'à l'aube, il faut dire : « Arrivez le soir, **faites votre entrée à Babylone par les grands boulevards**, et allez dîner dans un grand restaurant où vous commencerez par goûter les **plaisirs de Paris** dans son exquise cuisine. »

Les prix que nous avons relevés pour vous dans les cartes de ces restaurants de 1er ordre, — *prix qui peuvent varier cependant selon la saison et les cours des halles*, — sont faits pour tranquilliser toutes les bourses et renseigner l'étranger sur les **spécialités culinaires** de Paris.

Paris à Table

LES MEILLEURS RESTAURANTS

SUR LES GRANDS BOULEVARDS

DURAND

2, place de la Madeleine

Une vieille et ancienne maison qui a su maintenir sa réputation et garder sa clientèle. On y déjeune surtout, avec, sous les yeux, le pittoresque et changeant tableau de la place de la Madeleine.

C'était chez Durand que Meyerber traitait autrefois ses amis. C'était chez Durand que Boulanger donnait ses fameux dîners.

Public très select. Des diplomates étrangers, des Anglais appartenant à l'aristocratie des sportmen.

La carte n'est chiffrée que pour les vins.

Spécialités : La barbue Durand. — Le poulet sauté Archiduc.

LARUE

3, place de la Madeleine

Maison de 1er ordre, à laquelle la haute société parisienne accorde toutes ses prédilections. Une des gloires du Paris culinaire. Chez Larue, la chère et les vins ont des qualités auxquelles ne peuvent pas toujours atteindre les tables les plus opulentes. On y fait ce que jadis on appelait les « parties fines ». Quoi qu'on mange, on est sûr de bien manger, de manger comme un roi.

Chez Larue, on peut déjeuner à 2 pour 25 à 30 fr.; dîner pour 30 à 40 fr.

La carte des vins est seule chiffrée.

LUCAS

3, place de la Madeleine

Très belle terrasse sur le boulevard. Cuisine et service parfaits. Vins excellents, surtout les Bourgogne.

Potages : Saint-Germain, 0,60. — Bisque d'écrevisses, 1 fr. — Consommé diable, 0,60 (les potages sont chiffrés par personne). — *Poissons :* Truites sautées meunière, 1.75. — Petite barbue Lucas, 1,75. — Matetote d'anguille, 2 fr. — *Entrée et rôti :* Tête de veau en tortue, 1.75. — Salmis de canard à la sauce Humbert, 3.50. — Poulet nouveau sauté archiduc, 3,50. — *Légumes :* Salade de légumes. 1·75. — Cêpes bordelaise, 1.75. — *Desserts :* Pêches Condé. 1.75. — Plum-pudding au rhum, 1,25. — Tarte anglaise aux pommes, 1 fr. — Mince pie, 1,25.

CAFÉ DE LA PAIX

12, boulevard des Capucines

Le Café de la Paix.

Café avant tout, mais restaurant aussi. C'est le rendez-vous de toutes les nations. On y trouve presque tous les journaux du monde. La terrasse du café de la Paix est très recherchée entre 5 et 7 heures.

On déjeune beaucoup au café de la Paix (Grill-Room). Les viandes froides, les galantines y sont remarquables et exposés comme sur un autel dédié au dieu Gaster. La clientèle est composée de viveurs riches, d'étrangers cossus, de gens qui apprécient l'art si noble de la table. — On y soupe à la sortie de l'Opéra.

PRIX DU GRILL-ROOM

Coquille de turbot Mornay. 1,25. — Sole au vin blanc, 2,75. — Moules marinière, 1 fr. — Truite de rivière meunière, 1,50.

PRIX DU GRILL-ROOM *(Suite)*

— Rouget bonne-femme, 1,50. — Américain Shas, 1,50. — Haddock Polonaise, 1,50. — Filet de sole Jean-Bart, 1.50. — Filet de barbue Mornay, 1,50. — Bouillabaisse à la Marseillaise, 1,50. — Timbale de Nioki, 1.50. — Mutton-Chop aux pommes bonne-femme, 1,50. — Filet mignon aux pommes crème, 1,50. — Poulet de grain, 6 fr. — Pigeon, 3 fr.

JULIEN

3, boulevard des Capucines

En été, les grandes glaces de la devanture s'enlèvent et c'est par une haie de verdure que vous êtes séparé du boulevard.

Spécialités : Bisque, 2 fr. — Petite marmite, 1 fr. — Colbert, 0,75. — Saumon sauce hollandaise, 3 fr. — Filets de soles fécampoise, 3.50. — Rouget Nicaise, 2 50. — 1 4 poularde au riz 2 50. — Noisette de porc salé à l'estragon, 1.75. — Pigeon à la cocotte, 4,50. — Timbale milanaise, 2 fr. — Poulet de grains, 7 fr. — Caille, 3,50. — Cêpes, 2 fr. — Salade de légumes, 2 fr.

LE CAFÉ AMÉRICAIN

4, boulevard des Capucines

Un restaurant de nuit où l'on mange également très bien de jour, et à des prix raisonnables, ô combien ! Mais c'est surtout après minuit que les soupeurs et les soupeuses envahissent sa grande salle et montent l'échelle de Jacob de son fameux salon du premier, dont la nouvelle installation est tout simplement merveilleuse.

Ceux qui sont seuls trouveront toujours de la compagnie à l'Américain (Voir *Soupeurs* et *soupeuses*).

Carte de *déjeuner* et de *dîner*. — *Potages* : Villageois, 0,75. — Argenté, 1 fr. — Petite marmite, 1 fr. — Filet de sole, 1,50. — Rouget grillé beurre d'anchois, 2 fr. — Escalope de maquereau Florentine, 1.50. — 1/2 barbue à la dantin, 2,50. — Côte de bœuf aux pommes à l'Anglaise, 1,50. — Gigot présalé à la broche aux haricots verts, 2 fr. — 1/4 de poularde pochée au gros sel, 3 fr. — Caille, 3,50. —Poulet reine, 10 fr. — Pigeon, 4 fr. — Aubergines, 2 fr. — Choux-fleurs, 2 fr. — Petits pois, 2 fr.

Spécialités : Homard à l'Américaine.

CAFÉ ANGLAIS

13, boulevard des Capucines

Uniquement restaurant. Cuisine et cave de 1er ordre. N'a plus l'animation joyeuse d'avant 1870 et n'a plus parmi le monde de la haute licherie et des viveurs », la faveur qu'il avait alors. On va au Café anglais pour bien manger et déguster un vin de marque authentique. Les caves du Café anglais sont merveilleuses : on peut y dîner. — La carte des vins est seule chiffrée.

> *Spécialités :* La poularde à la d'Albufera. — Les filets de soles à la Mornay.

PAILLARD

38, boulevard des Italiens

Maison de clientèle riche, fréquentée par le cosmopolitanisme select. On y soupe luxueusement le soir, à la sortie des théâtres. A toutes les tables pétille le vin de Champagne.

La carte n'est pas chiffrée.

> *Spécialités :* Les truffes du Périgord au vin de Champagne. — Le filet d'ours à la François-Joseph. — La sole Rabelais. — La salade Danicheff. — Le soufflé Javanaise. — Les foies gras au Champagne. — La sole à la Russe et la célèbre choucroute Impériale Russe au vin de Champagne. — Le pudding de Cabinet au Sabayon.

LA MAISON DORÉE

20, boulevard des Italiens

On l'appelle aussi la maison d'or, et cependant il n'y a de dorés que ses clients. Les soupers de la Maison-Dorée étaient célèbres dans le monde des viveurs et des viveuses et dans les romans parisiens du 3e empire. « Les louis y fondent comme du beurre dans les mains des garçons, et des filles », écrivait Delveau.

Aujourd'hui on déjeune et l'on dîne encore à la Maison-Dorée.

Un public très select et titré y va, en plus que la bonne

chère, chercher le souvenir de tant d'hôtes illustres qui y passèrent. Public de fidèles, de vieux habitués, que colore souvent la note gaie d'une actrice chic des théâtres du boulevard.

Pas de carte chiffrée.

LE CAFÉ RICHE

16, boulevard des Italiens

Très solennel avec sa salle monumentale étincelante de lumière.

Cela manque d'intimité, comme dans un palais.

Les amoureux rechercheront toujours les chaumières, les petits nids discrets, — mais les millionnaires et les princes sont-ils encore amoureux et savent-ils la poésie et les intimités exquises de l'Amour, — même à table ?

Carte chiffrée.

Café Riche.

Potages : Bisque, 1.25. — Petite marmite, 1,25. — Crème d'asperges, 1,25. — Truite saumonée froide sauce verte, 2 fr. — Turbot sauce crevette, 2 fr., 3.50. — Filets de barbue waleska, 2 fr., 3,50. — Filets de soles rochelaise, 2 fr., 3,50. — Sole vin blanc, 2 fr. — Côtelette d'agneau grillé printanière, 2.50. — Poulet de grain en cocotte provençale, 7 fr. — Gigot d'agneau boulangère, 1,50. — Rumpsteack grillé pomme Pont-Neuf, 2 fr. — Choux-fleurs, 2 fr. — Tomates farcies, 2 fr.

RESTAURANT NOEL-PETERS

5, boulevard des Italiens (Passage des Princes)

Tout blanc et or, rappelant par sa riche décoration le palais de l'Alhambra, le restaurant Noël-Peters est l'un des plus fréquentés de Paris.

Pilaff de volaille à la Grecque, 2 fr. — Côte de bœuf à la chasseur, 1.50 par personne. — Filets de soles à la Bourguignonne, 2,50 ; 1/2, 1,25. — Turbot sauce mousseline, 2,50. — Merlans aux moules, 1,75. — Homard sauté à l'Américaine, 9 fr. — 1/2 pigeon aux petits pois, 2,50. - Tournedos à la Rossini, 2 fr. par personne. — Rumsteack grillé à la Bercy et aux pommes sautées, 2,50. — Escalope de foies gras aux truffes, 4 fr. — Rosbif à la Russe, 1,75 par personne. — Perdreau à la Noël, 9 fr. — Caneton à la Rouennaise, 15 fr. — Poulet reine, 9 fr. — De grains, 6 fr — Pigeon, 4 fr. — Une truffe au champagne, 5 fr. — Salade Olga, 4 fr. — Pêche flambée, 2 fr.

Spécialités : Barbue ménagère. — Coulibiac à la Russe. — Poularde messaline. — Caneton à la presse. — Bécasse au fumet. — Perdreaux et caille à la Noël. — Ortolans au nid. — Salade Olga. — Pêches princesse.

MARGUERY

36, boulevard Bonne-Nouvelle

A côté du théâtre du Gymnase. Grande vérandah vitrée en hiver, ouverte en été sur le boulevard. Une véritable oasis de fraîcheur et de verdure. C'est le restaurant préféré des gros industriels et des gros commerçants de province. Clientèle absolument bourgeoise. Très bonne cuisine. Cave honnête.

Crevettes bouquets, 2 fr. — Thon, 1 fr. — Rognons, 0,60. — Potages julienne, 0,60. — Saint-Germain, 1,25. — Bisque, 1,50. — Truite saumonée sauce verte, 3 fr. — Filets de barbue à la Mornay, 3,25. — Homard à l'Américaine, 3,50. — Merlans au vin blanc, 2,50. — Raie, 1,50. — Moules, 1.25. — Coquille de Turbot, 1,50. — Bœuf à la mode, 1,75. — Filet sauté financière aux truffes, 3 fr. — Entrecôtes aux fonds d'artichauts farcis, 3 fr. — Poussin en cocotte, 5 fr. — Poulet sauté estragon, 2,75. — Poulet rôti, 11 fr. (1/2, 5.50, l'aile, 3 fr., la cuisse, 2,75). — Pigeon rôti, 4,50. — Cêpes bordelaise, 2,75. — Petits pois, 1,75. — Pointes d'asperges, 2,50. — Parfait au café, 1,75.

Spécialités : Soles à la Marguery.

MAIRE

14, boulevard Saint-Denis

CLIENTÈLE parisienne distinguée. Jolis salons coquettement décorés. Restaurant très gai, très riant, quoique les maris y viennent dîner en cabinet particulier avec leur femme légitime.

Spécialités : Rumsteack Maire.

RESTAURANTS

DANS LES ENVIRONS DES GRANDS BOULEVARDS

Nous citerons, parmi les grands restaurants où l'étranger trouvera aussi toutes les jouissances de la table et les plaisirs du bien-vivre :

LE CAFÉ DE PARIS

41, avenue de l'Opéra

Devenu très à la mode. Installation et décoration curieuses. Ouvert toute la nuit, très animé à la sortie des théâtres. Cabinets particuliers très élégants.

Marinades d'anguilles, 1.50. — Salades de crevettes, 0,75. — Saumon fumé, 2 fr. — Tomates Odessa, 0,60. — *Potages :* Windsor, 1 fr. — Marmite Viennoise, 1 fr. — Bisque, 1.25. — Tortue vraie, 2 fr. (les Potages sont par personne). — Turbot sauce Hollandaise, 2 fr., 3.50. — Coquille de saumon Victoria, 1,50. — Filets de dorade Florentine, 2 fr., 3.50. — Filets de barbue à la Russe, 2 fr., 3,50. — Truite meunière, 1,75. — Filets de soles au moules, 2 fr., 3,50. — Homard Américaine 1/2, 4,50. — 1/4 poularde braisée au riz sauce suprême, 3 50. — Riz de veau aux petits pois, 4,50. — Côte d'agneau sautée aux crosnes, 1,50. — Aloyau aux pommes fondantes, 1,50, 2,50. — Poularde, 12 fr., 14 fr. — Bécasse, 12 fr. — Caille Georges Sand, 4 fr. — petits pois de Bordeaux, 2,50. — Meringues glacées aux fraises, 1,25. — Granité à l'orange, 1,50.

Spécialités : Le Homard Thermidor. — L'Épaule d'agneau Louis-le Grand. — Les Aubergines Opéra.

JOSEPH

9, rue de Marivaux

Maison très connue de la clientèle riche. Joseph, grâce à l'autorisation de la Compagnie du Savoy de Londres, restera à Paris, et continuera à exercer son art, pour la plus grande joie des habitués du restaurant Marivaux. La carte n'est pas chiffrée.

Spécialités : La bécasse au fumet. — Le Pilaff aux moules.

RESTAURANT CHAMPEAUX

13, Place de la Bourse

Fréquenté à l'heure du déjeuner, de 11 h. à midi, par les boursiers. A l'aspect d'une vaste serre.

> *Potages :* Bisque 1,25 et 2 fr. — Croûte au pot, 1.50. — Truite de rivière à la meunière, 2.50, 3,50. — Saumon sauce Hollandaise, 2 fr., 3 fr. — Turbot sauce crevettes, 2 fr., 3 fr. — Soles au vin de Sauterne, 2 fr., 3 fr. — Merlans à la Colbert, 1,50, 2.50. — Côtelettes d'agneau à la jardinière, 1,50. — Tournedos à la Parisienne, 2,50, 3,50. — Truffes au Champagne, 4 fr. par personne — Petits pois au beurre, 2 fr., 3 fr. — Macaroni à l'Italienne, 1.25, 2 fr. — Salade à la Russe, 2 fr., 3 fr.

RESTAURANT VIAN

22, rue Daunou, près du boulevard des Capucines

Excellent restaurant, à vieille réputation et à clientèle fidèle. Malheureusement trop petit et un peu chaud en été.

> Potage julienne, 0,50. — Pot-au-feu, 0,50. — Maquereaux grillés, 1 fr. — Eperlans frits, 1 fr. — Truite meunière, 1,50. — Filets de sole sauce homard, 1,25. — Côtes d'agneau panachées, 1,75. — Jambon à l'Italienne, 1,25. — Salmis de canard, 1,50. — Poulet à la Provençale, 1,50. — Brochettes de foies de volaille, 1,25. — Galantine de perdreaux, 1,50. — Filet de bœuf piqué jardinière, 1,50. — Petits pois, 1 fr. — Salade de légumes, 1,25.

RESTAURANTS DE LA RIVE GAUCHE

LAPÉROUSE

51, quai des Grands-Augustins

Public d'académiciens, de savants et de magistrats. La maison a un aspect sérieux et respectable, les cabinets particuliers sont bien décorés. Vue pittoresque sur la Seine et le Pont-Neuf.

On mange bien chez Lapérouse. C'est une cuisine cossue et succulente. La cave est de 1er ordre, célèbre par ses bourgognes. Enfin les prix sont très modérés.

> *Spécialités :* Bécasses aux fumets. — Caneton à la Rouennaise. — Soufflés Palmyre. — Bouillabaisse tous les vendredis.

LA TOUR D'ARGENT

(Egalement Hôtel)   *15, quai de la Tournelle*

VIEILLE renommée. Rendez-vous des gros négociants de l'entrepôt de Bercy, fréquenté aussi par ces Américains millionnaires qui y dégustent des plats baptisés de leurs noms. La maison a l'air d'un cabaret ordinaire, mais il ne faut pas se fier à la mine. Tout le luxe est dans les casseroles.

La carte des vins est seule chiffrée.

Spécialités : Le caneton Frédéric. — L'escalope de saumon Courtois. — Le poulet farci à la Tour d'Argent.

FOYOT

33, Rue de Tournon

C'EST le restaurant du Sénat. Les vieux sénateurs y vont reprendre des forces et de la gaîté. Clientèle politique, académique et quelquefois militaire. La salle du rez-de-chaussée est basse et sombre ; la salle du première est plus belle, plus aérée. Les cabinets particuliers ont des divans plus moelleux depuis que le Sénat est installé au Luxembourg. — Carte chiffrée.

RESTAURANT ET HOTEL LAVENUE

68, bd. Montparnasse, près la gare Montparnasse

MAISON connue de tous les viveurs pour sa chère succulente, ses vins de derrière les fagots, et ses cabinets particuliers... dont on dit des merveilles. On vient de tous les coins de Paris dîner chez Lavenue.

Pour causer d'amour, rien n'aide autant qu'un bon vin et une bonne table.

Déjeuners et dîners à la carte chiffrée.

Jardin d'hiver et bosquets.

Spécialités : Les poissons vivants que l'on peut y pêcher soi-même dans des viviers et faire apprêter pour son repas.

AUX CHAMPS-ÉLYSÉES

Si vous voulez avoir la joie de dîner au milieu des fleurs, à l'ombre des arbres et au milieu des pelouses toujours vertes, allez chez

Restaurant Le Doyen.

LEDOYEN

Carré des Champs-Élysées, côté gauche

La société est élégante et choisie ; les femmes ravissantes dans leurs robes de printemps ou d'été. On mange là en plein air comme à la campagne.

La cuisine est exquise, et les vins sont dignes de la cuisine.

Rouget froid à l'Orientale, 1.50. — Langouste rémoulade, 1/2, 3,50. — Sole Montreuil, 3,50. — Filets barbue Mornay, 3,50. — Homard Américaine, 3,50. — Ecrevisses Bordelaise, 3,50. — Rougets vin blanc à la gelée, 1,50. — Œufs pochés froids au jambon, 1 fr. — Œufs brouillés aux pointes, 1,75. — Caneton en salmis aux champignons, 1·2, 4,50. — Côtes de pré salé jardinière, 1,75. — Poulet de grain grillé diable, 1/2, 4 fr. — Caille en chaufroid, 4 fr. — Perdreau en bellevue, 8 fr. — Cèpes Bordelaises, 2 fr. — Fonds artichauts Italienne, 1,75. — Pêches pochées Suzette, 2 fr. — Fruits rafraîchis à l'orange, 3 fr. — Pêche flambée au kirsch, 2,50. — Coupe Jacques, 1,50.

PAILLARD

Av. Gabriel (Ch.-El.)

Petit pavillon d'été du grand Restaurant Paillard du boulevard des Italiens.

La carte des vins est seule chiffrée.

Les prix sont en rapport avec les hauts personnages qui fréquentent cet établissement spécial.

Restaurant Paillard.

RESTAURANT DES AMBASSADEURS

Carré des Champs-Elysées, côté droit

Au milieu des bosquets, avec terrasse de laquelle on assiste au concert. Chaque petite table est éclairée

La Terrasse des Ambassadeurs.

par des lampes de différentes couleurs, d'un effet féérique.

Mock-Turtle (soupe à la tortue), 2,50. — Bisque, 2,50. — Saint-Germain, 1,25. — Consommé Ambassadeur, 1,25. — Saumon froid sauce Griliche, 1,75. — Turbot sauce Hollandaise, 3 fr. — Filets barbue Montreuil, 2 fr. par personne. — Entrées : Vol-au-vent à la Régence, 2 fr. — Côte de bœuf rôtie aux pommes à la crème, 1,75. — Jambon au Xérès garni d'épinards, 1,50. — Poulet de grain en cocotte bonne-femme, 7 fr. — Cœur de filet à l'Ecossaise, 4 fr. — Selle d'agneau, 1/2, 7 fr. — Perdreau farci, 12 fr. — Galantine de volaille, 2,50. — Glace, 1,50. — Coupe Jacques, 2 fr. — Bourriche Ambassadeurs, 2 fr.

RESTAURANT DE L'ALCAZAR (Bouillon Riche)

Carré des Champs-Elysées, côté droit

A côté des Ambassadeurs. On est servi par des petites bonnes en bonnet et tablier blanc. On dîne sous les arbres, au milieu des bosquets. Les prix sont ceux des « bouillons », c'est-à-dire très modérés.

Pour dîner sur les galeries, et entendre en même temps les chanteuses et les chanteurs du Café-Concert, on paye 1 franc par personne de supplément.

RESTAURANTS DU BOIS DE BOULOGNE

PAVILLON CHINOIS

A l'entrée du Bois de Boulogne (V. *Bois de Boulogne*); très fréquenté en été par les demi-mondaines. Orchestre tzigane. Carte non chiffrée. Prix des grandes bourses.

PAVILLON D'ARMENONVILLE

Allée d'Armenonville

A côté du Jardin d'Acclimatation. Beaucoup de fraîcheur en été; bosquets pleins d'ombre, lac devant la terrasse. Cuisine et cave de 1er ordre (Prix élevés). Fréquenté par le tout Paris. Actrices en renom. Très curieux à voir le dimanche après midi, de 5 à 7 heures et les jours de la fête des fleurs et du Grand-Prix.

La carte n'est pas chiffrée.

CAFÉ-RESTAURANT DU CHATEAU DE MADRID

Allée de Madrid

En plein bois de Boulogne, le château de Madrid est le rendez-vous des amazones et des clubmen élégants. Bosquets et charmilles. Cabinets et salons. Cuisine et caves renommés, Carte non chiffrée; prix des grandes bourses.

RESTAURANT DE LA CASCADE

Allée de la Cascade

Tout près de la Cascade du Bois de Boulogne. On y dîne un peu en été; on y vient surtout après dîner. Carte non chiffrée. Prix élevés.

Orchestre tzigane.

CHALET-RESTAURANT DU TOURING-CLUB

A la porte Maillot

Au milieu de la verdure. On déjeune et l'on dîne sous des tentes. Rendez-vous des cyclistes. Beaucoup de dames. Orchestre tzigane.
Prix modérés.

Omelette champignons, 1,25. — Œufs au beurre noir, 0,75. — Hors-d'œuvre, 0,50. — Sole fines herbes, 1,75. — Merlan frit, 1,75. — Veau sauté Marengo, 1,25. — Rumsteck pommes soufflées, 1,50. — Poulet grillé diable, 3,50, le 1/2. — Jambon choucroute, 1,25. — Contre-filet rôti pommes château, 1,50. — Flageolets, 1 fr. — Cèpes Bordelaise, 1,25. — Pommes sautées, 0,75. — Brie, 0,50. — Camembert, 0,50. — Les plats du jour et les potages sont par personne.

L'orchestre du Touring-Club.

CHALETS DU CYCLE

Bois de Boulogne, derrière Longchamps, près la porte de Suresne.

Halte obligé de tout cycliste, de tout promeneur qui explore le Bois. Le matin vers 11 heures, le soir de 5 heures à 11 heures, animation charmante encore plus vive les jours de courses à Longchamps. On y dîne en plein air, par petites tables, dans le voisinage rafraîchissant de la Seine, sous d'épais feuillages. — Orchestre tzigane. — Garage pour cycles et motocycles. — Atelier de réparations.

RESTAURANTS EXOTIQUES

Aux étrangers, désireux de retrouver à Paris, la cuisine de leur pays ou aux curieux de cuisine exotique, nous signalons les restaurants suivants :

RESTAURANTS ANGLAIS

Brady Reynold **(Taverne royale)**, 25, rue Royale.
Adler **(English Taverne)**, 24, rue d'Amsterdam.
Scaliet **(Taverne anglaise)**, 28, rue Boissy-d'Anglas.
Roosbeefs et de *beefsteak*. — *Muthon-Shop*. — *Iris*. — *Stew*.

RESTAURANTS AUTRICHIENS

Windermann **(Restaurant Viennois)**, 5, rue d'Hauteville.
Gulyas. — *Mehlspeisen*. — *Wiener-Rostbraten*. — *Schnitzel*. — *Geflügel-Risotto*.
Bière de Pilsen. — Vins d'Autriche et de Hongrie.

RESTAURANTS ITALIENS

Santarsiero, 41, rue Saint-Augustin.
Maccheroni al dente, strachotti con pomid'oro.
Aldegani. Passage des Panoramas (galerie Montmartre), 10 et 12.
Minestrone. — *Lasagnes au jus*. — *Risotto à la Milanaise*. — *Stufata avec Polenta*. — *Raviolis au jus*. — *Sabaglione*.
Vin de Chianti.

RESTAURANTS ESPAGNOLS

Don José (Robles Ruis), 14, rue Helder.
Guisillo madrileno. — *Cocido à l'Espagnol*. — *Riz à la Valencienne*. *Morue à la basque*. — *Olla potrida*. — *Garbanzos*.

RESTAURANT RUSSE

Restaurant Cubat (Ancien hôtel de la Païva), av. des Champs-Élysées.
Caviar. — *Borchtch*. — *Razsolnik*. — *Potrokha*. — *Botrinia*. — *Kouleviaka*. — *Pojàrshiia Kotlety*. — Le sterlet au Champagne. — Le coulis d'écrevisses au Champagne. — Les bécasses à la Stogmoff au Champagne. — Carte chiffrée.

RESTAURANT TURC

Mme **Louna-Sonnak**, 11, rue Cadet.
Pilaf et mouton aux gombeaux. — *Couscoutt Chichkiebabi*. — Café à la Turque.

RESTAURANTS GRECS

Giovanin, 11, carrefour de l'Odéon.
Restaurant oriental, Ellénikè Anatolé, 33, rue des Écoles.
Pilaf. — *Agème pilaf*. — *Soutsoukskia*. — *Kiftédés*. — *Agneau rôti à la Palikare*. — Vins de Marathon, de Samos et de Santorin.

TAVERNES ET BRASSERIES

Les tavernes sont des établissements dont le genre vient d'être renouvelé et que ni Baedecker ni Joanne ne mentionnent dans leurs transformations actuelles. On déjeune, on dîne et on soupe à des prix relativement modérés dans les Tavernes. La carte des soupers y est toujours chiffrée, tandis qu'elle ne l'est plus, à partir de 10 heures, dans les grands restaurants.

La bière est fraîche et de première qualité.

TAVERNE ROYALE

25, rue Royale

Très fréquentée par les Parisiens et les étrangers. Excellente bière de Munich. Le coup d'œil de la vaste salle est très élégant; jolies parisiennes en très jolies toilettes, surtout le soir. Succursale de la Taverne Pousset, boulevard des Italiens. Prix très raisonnables.

Omelette à la Savoyarde, 1,25. — Œufs pochés à la Mornay, 1,25. — Cassoulet, 1,25. — Filet d'agneau à la Turque, 1,75. — Rognons brochette vert pré, 1,50. — Poulet reine, 7 fr., la cuisse, 1,75, l'aile, 2 fr. — Caneton Nantais, 8 fr. — Assiette anglaise, 1,50. — Veau à la gelée, 1,50. — Pickel fleisch, 1,25. — Aspic de volaille, 1,75. — Plum-pudding, 1,25. — Coupe Jacques, 1,50. — Parfait au café, 2 fr. — Lundi : Tripes à la mode de Caen ; soir : Bœuf à la mode. — Mardi : Navarin ; soir : Gigot d'agneau, haricots Bretonne. — Mercredi : Goulache à la Hongroise ; soir : Soupe aux choux, filet de bœuf Renaissance. — Jeudi : Cassoulet ; soir : Petite marmite, côte de bœuf, pommes à l'Anglaise. — Vendredi : Bouillabaisse, petit salé aux choux ; soir : Aloyau à la Nivernaise. — Samedi : Culotte bœuf Flamande ; soir : petite marmite, fricandeau à l'oseille. — Dimanche : Pieds de porc Sainte-Menehould ; soir : Potage queue de bœuf, gigot pré-salé.

TAVERNE TOURTEL

43, boulevard des Capucines

Tous les soirs, Concert symphonique à 8 h. 1/2.

Café très « chic » jusqu'à 6 heures. On y dîne très bien. A 9 heures, l'aspect change. La musique y attire beaucoup de demi-mondaines huppées, de demi-castors, et, à la sortie de l'Olympia, les grandes professionnelles de l'Amour libre. La Taverne Tourtel se transforme alors en une sorte de bar international, où l'on voit la Méridionale aux grands yeux noirs, la Viennoise aux formes superbes, la Hongroise brune comme une Tzigane. On y voit même de jolies mulâtresses, toutes étincelantes de diamants. De minuit à 2 h., on soupe gaîment chez Tourtel, avec, autour de soi, le spectacle des curieux petits tableaux de mœurs de la vie nocturne de Paris.

TAVERNE OLYMPIA

28, boulevard des Capucines

Au sous-sol de l'Olympia. On y descend aussi par un petit escalier à côté de l'entrée boulevardière du music-hall, mais la véritable entrée est dans la rue Caumartin. Là, l'escalier est large, fait pour les longues

L'orchestre de la Taverne Olympia.

traînes des femmes en toilette de dîner ou de souper. La porte est rustiquement décorée d'arbustes et de fleurs, ornée de glaces ruisselantes de lumière.

C'est encore une de ces surprises dont Paris est prodigue, que cette immense salle souterraine d'une décoration si gaie et si pimpante avec ses petites tables, réunissant autour d'elles celles pour qui l'amour n'est qu'une fantaisie, une petite chose qui ne tire pas à conséquence : actrices, acteuses, et jolies personnes, légères comme le vent, et tournant comme lui, qui ont le goût et la délicate mission de plaire aux Parisiens et aux étrangers. Au milieu de la salle, sur une estrade, un orchestre de dames qui ont le diable au corps, exécute d'excellente musique, tandis que soupeurs et soupeuses dialoguent en langue verte et rose, sur des divans recouverts de cuir bleu, derrière les cloisons et les jardinières fleuries, qui mettent comme une haie de roses et de lilas, entre ceux qui mangent et ceux qui boivent.

Le service est soigné et les prix modérés.

Potage Parisien, 0,75. — Crème de laitue, 0,75. — Contre-filet Caumartin, 1,75. — Escalope de veau Milanaise, 1,75. — Pilaff de volaille à la Turque, 2 fr. — Médaillon Olympia, 2,50. — Beignets de pommes, 1,25. — Tartes : Viennoise et aux fruits, 0,75. — Glaces : Vanille, café, fraise, citron, 1,25 ; 1 2, 0,75. — Rocher, 2 fr. — Coupe de fruits glacés au champagne, 1,50. — Coupe Jacques, 1,50. — Plateau de fraises, 4 fr. — Meringue glacée, 1,25.

LA BRASSERIE UNIVERSELLE

31, avenue de l'Opéra

A réalisé le rêve de tout étranger à Paris : trouver le confort moderne, l'élégance artistique alliés à la bonne cuisine, à la bonne bière et au bon marché.

Plusieurs grands salons au rez-de-chaussée, richement tendus de tapisseries flamandes. Jet d'eau rafraîchissant au milieu du salon central. — Petites tables.

Au premier étage, même prix.

Potages: Petite marmite, 1,50 ou Consommé de volaille. 0.75. — Croûte au pot, 0.60. — Crème d'asperges. 0.90. — *Poissons :* Turbot sauce hollandaise, 1,25. — Matelotte d'anguille, 1,25. — Filets de sole aux crevettes, 1,25. — Truite meunière, 1,50. — *Entrées* : Veau à la russe, 1,25. — Ragoût d'oie pommes nouvelles. 1,50. — Poulet sauté marengo 1 2 1.50. — Filets mignon petits pois, 1.50. — Caille, 2,50. — Poulet rôti 1/4, 1,50. — *Légumes :* Cèpes, 0.80. — Macaroni, 0.80. — Salades de légumes, 1 fr. — *Desserts :* Ananas, 1 fr. — Coupe de fruits glacé au champagne, 1.25. — Raisin, 1,25. — Glace, 0.75.

Excellent vin de Vouvray blanc, en carafe. 1,25. — En 1 2 carafe, 0,65. — Vin rouge même prix. — Vin du Rhin et de la Moselle.

Le dimanche: Filet de bœuf universel. sauce financière, 1.50.

Spécialité de la maison : Pour le prix unique de 0,40 cent. on peut choisir à discrétion dans une collection d'une douzaine de hors-d'œuvre.

TAVERNE POUSSET

14, boulevard des Italiens

Avec sa grande salle aux murs revêtus de faïences peintes, aux petites tables de chêne sculptées, sa grande salle de restaurant, où, sur la nappe blanche, étincellent l'orfèvrerie et la cristallerie fine des dîners et des soupers, la Taverne Pousset est une des plus élégantes et des plus fréquentées du Boulevard.

Même prix qu'à la *Taverne Royale*.

VIANDES FROIDES

Perdreau farci à la Stuart, 12 fr. — Caille farcie à la gelée, 4 fr. — Terrine de caneton à la Royale, 3 fr. — Terrine de foies gras ou pigeon truffés, 1,75. — Aspic de volaille, Côte de veau Bellevue, 1,75. — Assiette anglaise, Veau, Bœuf mode, 1,50. — Pickel fluisch, Langue, Jambon, Galantine, Hure, 1,25. — Poulet reine, 8 fr., la cuisse, 2 fr. — l'aile, 2,25.

TAVERNE ZIMMER

18, boulevard Montmartre

La salle du restaurant est au 1er. En se plaçant près d'une fenêtre, on a sous les yeux toute l'animation — et elle est grande en cet endroit — du Boulevard.

Zimmer a la spécialité de la choucroute garnie, des saucisses de Strasbourg et de Francfort, du jambon de Mayence. On dîne, mais on soupe surtout chez Zimmer. Les prix sont les mêmes la nuit que le jour.

Délicieuse bière de Munich.

Soupe à l'oignon, 0,70. — Consommé nature, 0,75. — Consommé avec œuf poché, 1 fr. — Terrine d'œufs à la gelée, 1 fr. — Œufs brouillés tomates, 1.25. — Œufs plat au jambon, 1,25. — Œufs brouillés truffés, 1,50. — 1/2 Langouste Mayonnaise, 2,25. — Soles M·unière, 1.50. — Choucroute garnie Strasbourg-Jambon, 1,25. — Saucisses de Strasbourg (la paire), 0,60. — Francfort (la pièce), 0,60. — Foie gras de Strasbourg, 1,50. — Langue fumée, 1,25. — Galantine truffée, 1,50. — Veau à gelée, 1,25 — 1/4 Poulet froid, 2 fr. — Assiette Anglaise, 1,50. — Rosbif, 1,25. — Sslade de saison, 1 fr. — Salade de légumes, 1,25. — Salade Russe, 2 fr.

TAVERNE DE LA CAPITALE

2, boulevard de Strasbourg

A côté de l'Eldorado, tout à la fois café, restaurant et Concert. Excellent orchestre. Très fréquentée de

5 à 7 h., et le soir, surtout par les jolies demi-mondaines habituées de l'Eldorado, et d'ailleurs.

Dans la deuxième salle à gauche en entrant, véritable divan féminin où, au milieu des nuages blancs de la cigarette, ces dames discutent des grandes et petites choses de l'Amour.

BRASSERIE DE L'ESPÉRANCE
19, place de la République

Café avec orchestre. Beaucoup de femmes de tous les types et de tous les plumages. Au fond de la salle, une grande cheminée gothique, et sous son large manteau, des gens attablés boivent et devisent. Ce sont des bourgeois, des commerçants, de petits employés, mélangés de demoiselles de magasin, de couturières, de modistes, qui font le premier pas ou le second... Près de la porte, quelques tables occupées par des prêtresses de Vénus toujours prêtes au sacrifice.

LES BOUILLONS
LES BOUILLONS DUVAL

Tout le monde ne peut pas aller à Corinthe. Tout le monde ne peut pas prendre ses repas dans les grands restaurants. Pour les bourses moyennes, il y a les « Bouillons » créés par Duval et imités par Boulant.

La cuisine y est moyenne, saine et propre. On y est servi par de petites bonnes en bonnet blanc, qui ne sont généralement pas jolies et souvent d'une maturité avancée. On leur donne de deux à quatre sous de pourboire.

Voici quelques prix extraits de la carte d'un bouillon Duval :

Soupe poireaux pommes, 0,25. — Bouillon, 0,20. — Merlans gratin, 0,70. — Maquereaux grillé maître-d'hôtel, 0,60. — Cabillaud sauce câpres, 0,70. — Sole frite, 0,90. — Rillettes, 0,30. — Omelette fines herbes, 0,50. — Omelette parmentier, 0,60. — Bœuf nature, 0,30. — Garni, 0,45. — Tranche bœuf, céleri rave mariné, 0,50. — Bœuf au gratin, 0,50. — Veau Rosbif, 0,50. — Garnis, 0,60. — Cotelette nature, 0,55. — Gigot garni, 0,70. — Entrecôte bordelaise, 0,70. — Poulet rôti cresson le 1/4, 1,10. — Pommes sautées, 0,30. — Épinards, 0,30. — Cèpes provençales, 0,60. — Asperges à l'huile, 0,90. — Salade de laitue, 0,50 avec œuf, 0,70. — Salade de mâches, 0,40. — Gâteau de riz, 0,30. — Gâteau Pont-Neuf, 0,40. — Marmelade de pommes, 0,30. — Groseilles, 0,25. — Gingembre, 0,40.

Vin : Ordinaire, le carafon, 0,20. — Graves, le carafon, 0,20.

On trouve les principaux « bouillons Duval » : Rue Saint-Fiacre, 21. — Boulevard Saint-Michel, 26. — Rue de Rivoli, 194. — Boulevard de la Madeleine, 27. — Rue de Rivoli, 47. — Rue des Petits-Champs, 69. — Boulevard des Italiens, 29. — Rue Turbigo, 3. — Place du Havre, 12. — Boulevard Saint-Denis, 11. — Rue Turbigo, 45.

LES BOUILLONS BOULANT

Les bouillons Boulant se sont beaucoup développés depuis quelques années et ont acquis une très nombreuse clientèle. On y est plus à l'aise que dans les Duval. Les bonnes qui servent sont également plus aimables et mieux choisies. Les pourboires varient entre vingt et quarante centimes.

Les prix sont très modérés. La bière y est très fraîche.

Saint-Germain, 0,25. — Crème milanaise, 0,30. — Tapioca, 0 25. Coquille de poisson gratin, 0,50. — Merlans frits, 0,60. — Maquereau maître-d'hôtel, 0,60. — Sole meunière, 1 fr. — Bœuf à la mode, 0,60. — Côtelette, 0,60. — Filet grillé aux pommes, 0,90. — Poulet rôti au cresson 1/4, 1.50. — Pommes sautées, 0,30. — Macaroni italienne, 0,50. — Cèpes bordelaise, 0,60. — Jambon Daudins à la gelée, 0,60. — Poulet froid 1/4, 1 fr. 25. — Glace, 0 fr. 50. — Bombe vanille, 0,50. — Plum pudding au rhum, 0,50. — Pruneaux, 0.30. — Gaufrettes Chantilly, 0,40. — Confitures de groseille, 0,30.

On trouve des « bouillons Boulant » : Boulevard Saint-Michel, 34. — Boulevard des Capucines, 35. — Boulevard Montmartre, 1. — Rue de Douai, 22.

Les Plats Parisiens

La gourmandise est un des grands plaisirs, une des grandes voluptés de la vie, puisqu'elle est rangée parmi les sept péchés capitaux, c'est-à-dire ceux qui conduisent tout droit en enfer. A Paris, la gourmandise est simplement péché mignon, car elle n'est pas moins en honneur chez les gens pieux.

La gourmandise parisienne est du reste une œuvre d'art. Il y a tant d'ingéniosité, de science, de génie dans les préparations de ses plats que tout étranger venu à Paris pour son plaisir y goûtera sans mettre trop en péril son bonheur éternel. Pour son bonheur présent il lui sera sans doute utile de connaître la *composition* des principaux plats inventés par la gourmandise parisienne. Ces commentaires gastronomiques sont nécessaires pour comprendre l'importance des " spécialités " des grands restaurants.

La *Sole Mornay* se prépare au fromage ; la *Sole Joinville* avec une sauce aux crevettes ; la *Sole Normande* est garnie de moules, de petits poissons et de champignons ; le *Homard à l'américaine* est servi avec une sauce au cognac et aux tomates, très relevée ; les *Ecrevisses à la bordelaise* également avec une sauce très suggestive ; la *Carpe Chambord* comprend une garniture de truffes, de riz de veau et de foie gras ; la *Matelote* est un ragoût de poisson avec légumes frais ; les *Œufs à la tripe* sont des œufs durs avec des oignons frits ; le *Caneton à la bigarade* est accompagné d'une sauce aux écorces d'oranges amères ; le *Canard à la Rouennaise* se sert avec le foie écrasé dans la sauce ; le *Poulet chasseur* comprend une sauce très relevée ; le *Poulet en cocotte* est sauté avec des pommes de terre et des carrés de lard, et servi dans une cocotte c'est-à-dire un pot de terre ; le P*oulet à la diable* est grillé sur un feu vif ; le *Poulet La Thuile* est garni de fonds d'artichauts, d'oignons, de pommes de terre ; les *Pieds à la poulette* (de veau ou de mouton) baignent dans une sauce aux jaunes d'œuf ; l'*Entrecôte béarnaise* est faite avec du beurre, des oignons et du vinaigre ; le *Perdreau en Bellevue* se sert froid, en gelée.

Un *Savarin* est un gâteau au kirsch ou au rhum, etc.; un *Saint-Honoré* est une crême garnie de petits choux à la crême glacée.

LES HUITRES

NE sont bonnes, d'après un dicton populaire, comme les écrevisses et les homards, que pendant les *mois en r* (de septembre à avril). — Relativement bon marché en France, depuis les progrès opérés dans leur culture : on en trouve depuis 0 fr. 30 la douzaine (chez les débitants seulement). Les meilleur marché sont les « portugaises ». Celles de prix moyen, de goût supérieur, et très recherchées, sont les *arcachons*, les *marennes*, les *cancales*, de 1 fr. 25 à 2 fr. 50 la douzaine. Il va sans dire que, dans les restaurants, les prix sont plus élevés.

Pendant la bonne époque, janvier à mars, les huîtres inondent littéralement le trottoir parisien. Tous les épiciers, tous les marchands de vin en vendent.

Dans le monde des soupeurs et des soupeuses, il est

de mode d'aller manger des huîtres, entre une heure et trois heures du matin, autour des Halles.

A la sortie des théâtres, les boulevardiers ont l'habitude d'aller se régaler d'huîtres de premier choix *au restaurant Prunier*, rue Duphot, 40, ouvert jusqu'à 1 h. 12 du matin.

Voici un aperçu du prix des huîtres au Restaurant Prunier :

> Portugaises, 0,75 la douzaine. — Pieds de cheval, 3,50. — Cancales, 2,25. — Cancales supérieures, 2,50. — Cancales extra, 3 fr. — Armoricaines petites, 1 fr. — Armoricaines moyennes, 1,25. — Armoricaines 1ᵉʳ choix, 1,50. — Supérieures, 1,75. — Armoricaines de Belon, 3 fr. — Ostendes, 2,50. — Ostendes Victoria, 3 fr. — Marennes, 2,25. — Marennes supérieures, 2,50. — Marennes extra, 3 fr. — Natives d'Angleterre, 3 fr. — Natives de Zélande, 4 fr. — Côte-Rouge (Irlande), 5 fr. — Burnham, 5 fr. — Colchester. 6 fr.
>
> *Spécialités :* Plusieurs plats aux huîtres, entre autres le « Potage aux huîtres » et le « filet Boston ».

Théâtres et Spectacles

THÉÂTRE-FRANÇAIS

Location : De 11 heures à 6 heures. M. Jules Claretie, *administrateur général*.

Depuis l'incendie du mois de mars, le Théâtre-Français donne ses représentations dans la salle de l'*Odéon*.

PRIX DES PLACES *Premier Bureau* :	Bur.	Loc.	PRIX DES PLACES *Deuxième Bureau* :	Bur.	Loc.
Avant-scènes des 1res loges	10 »	12 »	Parterre	2 50	» »
Loges du rez-de-chaussée	8 »	10 »	Troisième galerie	2 »	» »
Loges	8 »	10 »	Fauteuils de la 4e galerie	2 »	3 »
Baignoires	8 »	10 »	4es loges de côté	1 50	2 50
Avant-scènes des 2es loges	8 »	10 »	Amphithéâtre	1 »	» »
Loges de face (2e rang)	6 »	8 »	Les loges des 2e et 3e rangs découvertes peuvent se fractionner par coupons de deux places, dont une sur le devant. Les enfants paient place entière. — Les *Dames* sont admises à l'orchestre tous les soirs de la semaine sans chapeau ni coiffure. Les jours d'abonnement *Mardis et Jeudis*, elles doivent être en toilette de soirée sans chapeau ni coiffure. *Jours d'abonnement* : les mardis et jeudis soir.		
— découvertes (2e rang)	5 »	7 »			
— de côté (2e rang)	4 »	6 »			
— de face (fermées) du 3e rang	3 50	5 »			
Avant-scènes et loges découvertes du 3e rang	3 »	4 50			
Fauteuils de balcon (1er rang)	10 »	12 »			
(2e et 3e rangs)	8 »	10 »			
— d'orchestre	8 »	10 »			
— de la galerie des 3es loges (1er rang)	4 »	5 »			
Fauteuils de la galerie des 3es loges (2e rang)	3 »	4 »			

Abonnements : mêmes prix qu'en location. — Matinées à prix réduits, les jeudis à 1 heure

A **Comédie-Française**, ou Théâtre-Français, ou simplement « les Français », est la première scène comique et dramatique de Paris, et le théâtre le plus littéraire de l'Europe. A la Comédie, on parle le français spirituel et élégant des salons et du grand monde.

Si le Théâtre-Français est la « maison de Molière », de Racine et de Corneille, c'est-à-dire du théâtre classique, c'est aussi la Maison de Scribe, de Legouvé, d'Augier, de Sandeau, de Musset, de Victor Hugo, des deux Dumas, de Pailleron, de Pavedan, de Meilhac et Halévy, de Curieux, de Donnay, de J. Lemaître, de Paul Hervieux, de tous ceux qui personnifient la finesse, le charme, l'élégance de l'esprit

Mlle de Boncza.

français, qui connaissent « l'art de chatouiller l'esprit », touc
en flagellant les défauts et les vices d'une société, au fonn
toujours la même, depuis les *petits marquis* de Molière, jus
qu'aux *cercleux* de Lavedan et d'Hervieux.

Les artistes. — Depuis Talma, l'ami de Napoléon, qui
innova, le premier, le costume antique dans toute sa vérité, e
parut *pieds nus*, et vêtu de la toge romaine dans le *Brutus*
de Voltaire, jusqu'à M. Mounet-Sully, qui nous a montré
dans l'*Œdipe à Colonne*, des yeux crevés et ensanglantés, e
depuis Mlle Mars et Rachel, jusqu'à la moderne Sarah Ber
nhard, quelle succession d'artistes dont la célébrité a rempli l
monde !

Mme Sarah Bernhard, comme Coquelin aîné, a aujourd'hui
son théâtre à elle, mais il reste encore à la Comédie-Française
une phalange divine. Mme Bartet, qui prête avec une égale
souplesse sa voix harmonieuse, sa grâce élégante aux vers de
Racine, et son âme de parisienne aux héroïnes modernes
Mme Reichenberg, Mme Brandés, Mlle Lara l'ingénue e
Mme Thérèse Kolb, la blonde au rire étincelant, etc., etc
Coquelin y a laissé son frère ; Cadet est admirable dans le
rôles comiques du répertoire classique. Parmi les autres
sociétaires actuels, citons encore, : MM. Worms, Silvain, de
Féraudy, Albert Lambert fils, et Baillet, Berr, Paul Mounet
et MM^{mes} Barretta-Worms, Dudlay, Pierson, Marsy, Du Ménil
la séduisante Mlle Wanda de Boncza, la tragique Mlle Leroux.

Le public. — On voit « aux Français », surtout les jour
d'*abonnements mondains*, le mardi et le jeudi, la fleur de
l'aristocratie de l'intelligence de Paris.

Voici quelques noms parmi les abonnées du mardi : Baronn
de Rothschild, comtesse de Lamonta, marquise de Carcano
comtesse Edmond de Pourtalès, princesse de Sagan, comtess
Greffulhe, comtesse de France. Parmi les hommes, on re
marque : Baron de Rotschild, comte Guy de la Lochefoucauld
prince d'Aremberg, comte L. de Ségur, comte de la Sizeranne
baron Félix Oppenheim, comte d'Hunolstein, baron Boissy
d'Anglas, etc., etc.

GUIDE DES PLAISIRS A PARIS   33

Les pièces qu'il faut voir. — Le répertoire de la Comédie française change tous les jours. Le programme de la semaine est publié par les journaux, le *dimanche*. L'étranger fera bien de le consacrer deux soirées ou deux matinées (jeudi et dimanche de une heure à cinq heures) pour voir les artistes de la Comédie dans les rôles classiques (Molière, Racine ou Corneille), joués d'après la tradition, et également dans les pièces modernes et contemporaines.

OPÉRA

Place de l'Opéra. — *Téléph. 231.53.* — *Location :* De 10 h. à 6 h.
MM. Bertrand et Gailhard, *directeurs.*

PRIX DES PLACES		Nombre de places.	AU BUREAU		EN LOCATION	
			Par place.	Par loge.	Par place.	Par loge.
Stalles de	Parterre.............	1	7 »	»	9 »	» »
	Orchestre............	1	14 »	»	16 »	» »
fauteuils	Amphithéâtre.......	1	15 »	»	17 »	» »
	Avant-scènes.........	10	15 »	150 »	17 »	170 »
	—	8	15 »	120 »	17 »	136 »
Baignoires	De côté.............	6	14 »	84 »	16 »	96 »
	—	5	14 »	70 »	16 »	80 »
	Avant-scènes.........	10	17 »	170 »	19 »	190 »
	—	8	17 »	136 »	19 »	152 »
Premières	Entre-colonnes......	12	17 »	204 »	19 »	228 »
	Loges de face........	6	17 »	102 »	19 »	114 »
	— de côté.......	6	15 »	90 »	17 »	102 »
	Avant-scènes.........	8	14 »	112 »	16 »	128 »
	Entre-colonnes......	12	14 »	168 »	16 »	192 »
Deuxièmes	Loges de face........	6	14 »	84 »	16 »	96 »
	— de côté.......	6	10 »	60 »	12 »	72 »
	Avant-scènes.........	10	5 »	50 »	7 »	70 »
	—	8	5 »	40 »	7 »	56 »
	Loges de face........	8	8 »	64 »	10 »	80 »
Troisièmes	Entre-colonnes......	6	8 »	48 »	10 »	60 »
	De côté.............	6	5 »	30 »	7 »	42 »
	Avant-scènes.........	8	2 »	16 »	3 »	24 »
	Loges de face........	8	3 »	24 »	5 »	40 »
Quatrièmes	— de côté.......	4	2 »	8 »	3 »	12 »
	Fauteuils d'amphithéâtre.	1	4 »	»	5 »	» »
	Stalles d'amph. de face..	1	2 50	»	3 »	» »
	— de côté..	1	2 »	»	2 50	» »
Cinquièmes	Loges................	4	2 »	8 »	3 »	12 »

Pour les abonnements annuels (1, 2, 3 ou 4 jours par semaine), lundi, mercredi, vendredi ; l'abonnement du samedi commence en oct. et finit en mai, demander les prix à l'Administ. L'Opéra ne joue pas tous les soirs ; voir journaux et affiches. — Les *dames* sont admises à l'orchestre, mais *sans chapeau*.

L'**Opéra** actuel, Académie nationale de musique, est ce vaste et somptueux monument qui attire l'œil, dès l'entrée de l'avenue de l'Opéra, et que l'on aperçoit de tous les points un peu élevés de la capitale, de Montmartre et de Belleville. Construit sur les plans de Charles Garnier, mort récemment, qui s'inspira beaucoup, pour la décoration intérieure, du palais des doges de Venise. A coûté 34 400 000 francs; a été inauguré le 5 janvier 1875.

Aujourd'hui l'Opéra réunit les trois arts du chant, de la musique et de la danse sur une vaste scène perfectionnée par la science moderne jusqu'à la fantasmagorie, jusqu'au rêve des contes de fée.

L'escalier d'honneur. — Après avoir franchi le premier vestibule, où se trouve les statues de Lulli, Glück et Rameau, on se trouve en face de **l'escalier d'honneur**, merveille de richesse, dont les marches sont en marbre blanc, les balustres en onyx, tout étincelant de dorures, de ciselures, et de fresques. Il donne accès au *foyer du public* et à la *salle*.

Mlle Bréval.

Les loges appartiennent presque toutes aux abonnés, et certaines même, depuis très longtemps. Les plus recherchées sont les loges d'entre-colonnes.

Les loges de l'Opéra ont un public des plus mondain et des plus mélangé. On y voit un grand nombre de personnalités artistiques, de noms illustres, coudoyant l'aristocratie de l'argent... et du plaisir.

Le foyer de la danse. — Heureux ceux qui peuvent y pénétrer! C'est là que la danseuse répète les *jetés*, les *pirouettes*, les *entrechats*, les *gargouillades*, les *fouettés*, les *assemblés* et les *pointes* qu'elle exécutera tout à l'heure sur la scène; là aussi, elle reçoit les sourires et les cadeaux des vieux habitués. On y surprend les conversations et les réparties les plus troublantes, les plus excentriques, et aussi les plus édifiantes :

— Quel est ton père? demandait-on à une fillette du quatrième quadrille.

Elle, naïvement :

— C'est un de ces messieurs très bien que vous connaissez.

Au foyer de la danse on voit réuni toutes les catégories de danseuses, du *rat* à *l'étoile*. Les *rats*, sont les jeunes sujets qui suivent les cours élémentaires de danse et en sont encore à l'apprentissage du métier et figurent sur la scène dans le deuxième quadrille de la deuxième division du ballet.

Les « rats » de mérite, prennent place dans la figuration, parmi les *coryphés*, puis deviennent *sujets*, et de sujet, *étoile*.

Les deux étoiles sont actuellement Mlle Rosita Mauri et Mlle Subra. Rosita est une italienne ardente et romanesque, la reine de la « pointe », admirable dans la *Korriganne*, *Françoise de Rimini*, le *Cid*. Mlle Subra : « l'Ophélie du foyer de la danse », passe plutôt pour sentimentale et passionnée.

Les véritables étoiles « reçoivent » de préférence dans leurs loges, et dédaignent le foyer, où l'on ne voit plus guère que le menu fretin, le « prolétariat » de la danse.

La Sortie de l'Opéra. — C'est un spectacle charmant, très mondain, dont on jouit très bien en se plaçant au bas du grand escalier. Toilettes à sensation, délicieuses parisiennes, emmitouflées dans de chatoyantes « sorties de bal » qui regagnent leurs équipages. On assiste là aussi à des enlèvements, moins romanesques à la vérité, que ceux de la scène, et dont nos demi-mondaines sont les héroïnes.

OPÉRA-COMIQUE

Place Boieldieu. — *Téléph. 105-76*. — *Location* : Rue Marivaux, de 10 heures à 7 heures. — M. Albert Carré, *directeur*.

PRIX DES PLACES *Premier Bureau :*	Bur.	Loc.	PRIX DES PLACES *Deuxième Bureau :*	Bur.	Loc.
Avant-scènes du rez-de-chaussée et balcon	10 »	15 »	Fauteuils du 3ᵉ étage	4 »	5 »
Baignoires	8 »	10 »	Avant-scènes du 3ᵉ étage	3 »	4 »
Loges de balcon	10 »	12 »	Loges du 3ᵉ étage	3 »	4 »
Fauteuils d'orchestre	8 »	10 »	Stalles du —	3 »	3 50
— de balcon, 1ᵉʳ rang	10 »	12 »	Fauteuils d'amphithéâtre	» »	» »
— — 2ᵉ et 3ᵉ rangs	8 »	10 »	Stalles —	» »	» »
Avant-scènes du 2ᵉ étage	6 »	8 »	Les dames sont admises à l'orchestre sans chapeau. — Les loges se louent entières.		
Loges de face du 2ᵉ étage	6 »	6 »			
Loges de côté du 2ᵉ étage	5 »	6 »	**Prix des abonnements** : le même que le prix des places en location.		
Parterre (pas de location)	3 50	» »			

Spectacle du 1ᵉʳ septembre au 30 juin. — Matinées, à 1 heure, les dimanches et jours de fêtes.

Le **Foyer** de ce théâtre tout neuf est merveilleusement décoré par Olivier Merson, Maignan, Gervex, Raphaël Collin.

C'est une des curiosités de Paris. Les anciennes comme les nouvelles pièces sont ici remises en scène avec un luxe de décors et une précision de détails jamais vus jusqu'ici, grâce aux soins d'Albert Carré.

Mlle Delna.

ODÉON

Pl. de l'Odéon, près le Jardin du Luxembourg.
Téléphone 811-42.

— PRIX DES PLACES —
Premier Bureau :

	Bur.	Loc.
Avant-scène, 1re à salon	12 »	14 »
— rez-de-chaussée	12 »	14 »
Fauteuils balcon 1er rang	6 »	8 »
— 2e et 3e rangs	5 »	7 »
Baignoires	4 »	6 »
Stalles de 1re galerie	2 50	»
Avant-scène —	2 50	»
2es loges de face	3 »	4 »

— PRIX DES PLACES —

	Bur.	Loc.
Baignoires avant-scène	10 »	12 »
1res loges de face	8 »	10 »
Fauteuils orchestre	6 »	8 »
1res loges de côté	5 »	7 »
— de balcon	5 »	7 »

— PRIX DES PLACES —
Deuxième Bureau :

	Bur.	Loc.
2es loges de balcon	1 50	2 »
Stalles de parterre	2 50	3 »
— du 2e balcon	1 50	2 »
Avant-scènes des 3^{es}	1 »	1 50
3es galeries	1 »	»
4es —	» 50	»

Les dames sont admises à toutes les places, sauf au parterre. — Matinées tous les dimanches de 1 h. 1/2 à 5 h. — Matinées-conférences les jeudis.

Prix des abonnements pour la série de 15 représentations lundis, d'octobre à mai. Fauteuils d'orchestre et de balcon : 40 fr. la place ; avant-scène, 1er étage et rez-de-chaussée, 1re loge, face : 50 fr. ; 1re loge, côté, baignoire, 35 fr. ; 2e loges, face, 1re galerie : 25 fr. ; parterre, 20 fr. A partir de novembre, série de 12 matinées classiques jeudis précédés d'une conférence. Prix de l'abonnement : Avant-scène, 1re loge, la place : 40 fr. ; orchestre, balcon, 30 fr. ; baignoire, 1re loge de côté : 25 fr. ; 1re galerie : 20 fr. ; parterre : 15 fr.

L'**Odéon**, appelé le « second théâtre français », est surtout le théâtre des classiques, renommé pour ses matinées littéraires, précédées de conférences, qui réunissent la jeunesse des écoles.

Mlle Laparcerie.

GUIDE DES PLAISIRS A PARIS 37

GYMNASE

Boulevard Bonne-Nouvelle. — *Téléph. 102.65.* — *Location* : De 11 h. du matin jusqu'à une heure avant l'ouverture, qui varie selon les pièces.

PRIX DES PLACES	Bureau et location.	PRIX DES PLACES	Bureau et location.
Premier Bureau :		*Deuxième Bureau :*	
Avant-scènes du rez-de-chaussée...	15 »		
— de balcon............	15 »	Stalles de la 2ᵉ galerie (de face)....	3 »
Loges de face...................	10 »	Avant-scènes de la 2ᵉ galerie.......	2 »
Baignoires......................	10 »	Loges de la 2ᵉ galerie {de 3/4.....	3 »
Fauteuils d'orchestre............	10 »	{de côté....	2 50
— de balcon.............	10 »	Stalles de la 3ᵉ — {1ᵉʳ rang....	2 »
— de foyer..............	7 »	{les autres...	1 50
Loges de foyer {de 3/4............	6 »	Avant-scènes de la 3ᵉ galerie.......	1 »
{de côté............	5 »	Quatrièmes loges.................	1 50
Avant-scènes de foyer............	5 »		

Les enfants paient place entière — Les dames sont admises aux fauteuils d'orchestre.
Le prix des places est le même en location ou le soir.
Abonnements et Prix réduits pour ces Représentations : Représentations bi-hebdomadaires (jeudi en matinée) du *Théâtre Blanc* fondé par M. Samary. — Représentations mensuelles (1ᵉʳ samedi de chaque mois) au *Théâtre de l'Œuvre*, fondé par M. Lugné-Poé.

Le **Gymnase** est l'ancien théâtre de Madame la duchesse de Berry. Succursale du Théâtre-Français et de l'Opéra-Comique. Théâtre du vaudeville correct et mondain, de la pièce « *bien parisienne* ».

Ce fut d'abord et surtout le théâtre de Scribe, d'Alexandre Dumas fils, de Sardou, de Feuillet, de Daudet.

VAUDEVILLE

Chaussée-d'Antin. — *Téléphone 102-9.*
Location : De 11 heures à 6 heures et de 8 heures à 10 heures du soir.
M. POREL, *directeur.*

PRIX DES PLACES	Bureau et location.	PRIX DES PLACES	Bureau et location.
Premier Bureau :		*Deuxième Bureau :*	
Avant-scènes du rez-de-ch., 6 places.	120 »	Troisièmes loges, la place.........	4 »
Avant-scènes des 1ʳᵉˢ, 6 places....	120 »	Stalles de la 3ᵉ gal. de face (1ᵉʳ rang).	4 »
Premières loges. {6 places........	72 »	— — (2ᵉ rang).	3 »
{5 —	60 »	— — de côté...	2 »
{4 —	48 »	Avant-scènes des troisièmes, la place.	4 »
Baignoires...... {6 places........	60 »	Loges des quatrièmes.............	2 »
{5 —	50 »	Quatrième galerie.................	1 »
{4 —	40 »		
Fauteuils d'orchestre.............	10 »	Les loges se louent entières. — Les enfants paient place entière. Les dames sont admises à l'orchestre avec leur plus petit chapeau.	
— de balcon (1ᵉʳ rang).....	12 »		
— — (2ᵉ rang).....	10 »		
— du foyer (1ᵉʳ rang).....	7 »		
— — (2ᵉ, 3ᵉ, 4ᵉ rangs).	6 »		
Loges du foyer de face. {5 places...	30 »		
{4 — ..	24 »	**On ne paie pas plus cher les places prises en location.**	
Avant-scènes du foyer, 6 pl. de côté.	30 »		
Deuxièmes log. de foyer, 5 pl. de c.	25 »		

Mme Réjane.

C'est aujourd'hui le théâtre de Réjane, qui tient, dans la comédie, la place que Sarah Bernhardt tient dans le drame et la tragédie.

MM. Donnay, de Porto-Riche, Brieux, etc. sont les auteurs favoris de Madame Réjane et de son public essentiellement parisien.

C'est un des quatre ou cinq théâtres que l'étranger devra voir en premier lieu pour se faire une idée de la Comédie parisienne.

THÉATRE ANTOINE

(Salle des Menus-Plaisirs) : 14, Boulevard de Strasbourg.
Directeur : M. André Antoine. — *Téléphone 222-64.*

Av.-scène du r.-de-ch...	8 »	Faut. de balc. 1er rang.	5 »	Av.-scène du 2e étage..	3 »
— de balcon....	8 »	Faut. de balc. 2e rang..	4 »	Faut. du foyer (1er rang.	3 »
Loge de balcon.......	7 »	Faut. d'orch............	5 »	Faut. du foyer..........	2 »
Baignoire............	6 »	Parterre...............	2 50	Tout le 3e étage........	1 »

Nota. — Abonnements mensuels à dates facultatives pour les souscripteurs pour 8 spectacles dans la saison, faut. d'orchestre et de balcon, 30 fr.

Le **Théâtre-Antoine** caractérise à merveille le grand mouvement réaliste qui, au théâtre comme ailleurs, s'est opéré, en cette fin de siècle.

Antoine, frappé des difficultés qu'avaient à se produire les auteurs nouveaux, rebutés des directeurs et poursuivis par le *veto* de la censure, avait déjà fondé le *Théâtre Libre*, lorsqu'il prit la direction de la scène qui porte son nom et où il joue lui-même avec un rare génie, — le génie du naturel et de la réalité, des pièces modernes françaises et étrangères admirablement mises en scène.

Mlle Mellot.

GUIDE DES PLAISIRS A PARIS

THÉATRE SARAH-BERNHARDT

Place du Châtelet. — *Téléphone 274-23.*

PRIX DES PLACES *Bureau :*	la place.	PRIX DES PLACES *Bureau :*	la place.
Av.-scènes, r.-de-ch., balcon	15 »	Fauteuils de 2e galerie	4 »
Loges et baignoires	10 »	Stalles de parterre	3 50
Fauteuils orchestre et balcon	10 »	— de 2e galerie	2 50
Loges et av.-sc. de 1re gal., salon	7 »	Amphithéâtre	1 »
— de 1re galerie couverte	6 »	Même prix en location qu'au bureau.	
Fauteuils de 1re galerie	6 »		

Mme Sarah Bernhardt.

ANCIEN « *Théâtre des Nations* » aujourd'hui embelli, transformé, et décoré à ravir de fresques de Clairin, d'Abbéma, de Louis Besnard, de Mucha, et éclairé d'une façon merveilleuse.

Mme Sarah Bernhardt y joue triomphalement *Phèdre*, *La Dame aux Camélias*, *La Tosca*, *Lorenzaccio*, *Cléopâtre*, *La Samaritaine*, *Hamlet* et l'*Aiglon*, du poëte Rostand.

PORTE-SAINT-MARTIN

Boulevard Saint-Martin. — *Téléphone 266-97.*
Location : De 11 h. à 7 h.

MM. FLOURY Frères, *directeurs.*

PRIX DES PLACES	Bur.	Loc.	PRIX DES PLACES	Bur.	Loc
Avant-scènes du r.-de-ch. et 1er ét.	10 »	12 »	Fauteuils de 2e balcon (1er rang)	5 »	6 »
Baignoires	10 »	12 »	— (autres rangs)	4 »	5 »
1res loges	10 »	12 »	— de galerie (1er rang)	3 »	3 50
Fauteuils de 1er balcon (1er rang)	10 »	12 »	— (autres rangs)	2 »	2 50
— (autres rangs)	8 »	10 »	Stalles d'amphithéâtre (1er rang)	1 50	1 75
Fauteuils d'orchestre	8 »	10 »	— (autres rangs)	1 25	1 25
2es loges (de face)	5 »	6 »	Amphithéâtre	1 »	» »
2es — (de côté)	4 »	5 »			

Les enfants paient place entière. — Les dames sont admises à toutes les places.

C'EST aujourd'hui le théâtre de Coquelin. On sait le succès qu'il remporta dans le *Cyrano de Bergerac* de Rostand. On vient d'y représenter pour la première fois, les *Misérables* de Ch. Hugo et P. Meurice, d'après le roman de *Victor Hugo*.

PALAIS-ROYAL

Au Palais-Royal, rue de Montpensier, 38. — *Téléphone 102-50.*

PRIX DES PLACES	Bur.	Loc.	PRIX DES PLACES	Bur.	Loc.
Avant-scènes et 1er rang des fauteuils de 1re galerie	8 »	10 »	Loges de 1re galerie, face et fauteuils de 1re galerie face	5 »	6 »
1res loges de face et de côté	7 »	9 »	Fauteuils de 1re galerie de côté	4 »	5 »
Fauteuils de balcon	7 »	9 »	Loges de côté de 1re galerie	4 »	5 »
— d'orchestre	7 »	9 »	Avant-scènes des 2es galeries	2 50	3 »
Baignoires de côté	7 »	9 »	Stalles des 2es galeries	2 50	3 »
— — face	7 »	9 »	Fauteuils d'orchestre	5 »	6 »
Avant-scènes 1re galerie	4 »	5 »			

Les enfants paient place entière. — Les dames sont admises à l'orchestre.

Le théâtre du **Palais-Royal**, au coin du Palais-Royal et de la rue Montpensier, fut construit par le duc d'Orléans en 1783. C'est le théâtre du vaudeville désopilant, de la farce grivoise, mais spirituelle, dont la moralité n'est pas rigoureuse, mais qui n'a qu'un but : exciter le rire... jusqu'aux larmes.

Le Palais-Royal n'est pas précisément le théâtre des jeunes filles ; aussi beaucoup de demoiselles, que leurs mamans n'emmènent qu'à l'Opéra-Comique ou au Français, se hâtent-elles vers le mariage, afin de venir trouver ici, en même temps que leur liberté individuelle, celle tout aussi désirable de leurs impressions.

NOUVEAUTÉS

Boulevard des Italiens. — *Téléphone 102-51.*

PRIX DES PLACES	Bur.	Loc.	PRIX DES PLACES	Bur.	Loc.
Avant-scènes du rez-de-chaussée	50 »	60 »	1res loges	8 »	10 »
— des 1res	50 »	60 »	Avant-scènes des 2es	4 »	5 »
Baignoires	8 »	10 »	2es loges	4 »	5 »
Fauteuils de balcon (1er rang)	8 »	10 »	Fauteuils de galerie (1er rang)	5 »	6 »
— de balcon	7 »	9 »	—	4 »	5 »
— d'orchestre	8 »	10 »	Stalles de galerie	2 »	2 50

Les loges de 1res et baignoires se louent entières. — Les dames sont admises à toutes les places.

Mlle Cassive.

Les **Nouveautés** fondées par le célèbre comique Brasseur, du Palais-Royal, sont toujours le théâtre le plus « boulevardier » de Paris.

On y joue surtout des vaudevilles et des revues, où, à défaut de talent, les plus jolies filles de Paris exhibent des dessous très suggestifs.

L'acteur GERMAIN, grimacier de génie et pitre plein de fantaisie, y est le chéri du public.

VARIÉTÉS

Boulevard Montmartre, 7. — *Location* : de 10 h. matin à 11 h. soir.
Téléph. 109-92.

—❦ PRIX DES PLACES ❧—	
Avant-scènes des premières et du rez-de-chaussée, 5 places	60 »
Baignoires (la place)	10 »
Premières loges (la place)	10 »
Fauteuils d'orchestre	10 »
— de balcon 1er rang	12 »

—❦ PRIX DES PLACES ❧—	
Fauteuils de balcon, 2e rang	10 »
Loges des troisièmes, 4 places	6 »
Fauteuils de foyer, 1er rang	5 »
— — 2e rang	4 »
Stalles de 2e galerie, 1er et 2e rangs	3 »
Amphithéâtre	1 »

Les enfants paient place entière. — Les dimanches et fêtes les dames sont admises à tous les rangs des fauteuils d'orchestre.

Mlle Lavallière.

C'EST le théâtre de la gaîté parisienne. Depuis le Second Empire on y joue avec un succès toujours égal, les pièces grivoises et drôlatiques de Meilhac et d'Halévy, de Gondinet, de Labiche, de Lavedan, etc.

Offenbach y réchauffe encore des feux de sa musique la *Belle-Hélène* et les déesses demi-nues de l'Olympe. Les Variétés sont un paradis moderne de jolies femmes, qui remplissent toujours excellemment leurs maillots d'abord — et leurs rôles ensuite.

BOUFFES-PARISIENS

Passage Choiseul. — *Téléph. 259-19.* — *Location* : De 10 heures du matin à 7 heures du soir.

—❦ PRIX DES PLACES ❧—	Bur.	Loc.	—❦ PRIX DES PLACES ❧—	Bur.	Loc.
Avant-scènes du rez-de-chaussée	50 »	60 »	Avant-scènes de seconde galerie	16 »	20 »
Baignoires grillées	50 »	60 »	Log. de seconde galerie (5 places)	20 »	25 »
— (5 places)	40 »	50 »	— — (4 —)	16 »	20 »
— (4 —)	32 »	40 »	Fauteuils de seconde galerie	4 »	5 »
Loges de balcon (5 places)	40 »	50 »	Avant-scènes de 2e galerie	8 »	10 »
— — (4 —)	32 »	40 »	Stalles de 3e galerie	2 »	2 50
Fauteuils d'orchestre	7 »	9 »	— de 4e galerie	1 »	1 50
— de balcon	7 »	9 »			

Les enfants paient place entière. — Les dames sont admises à l'orchestre. — Les avant-scènes, baignoires et loges de balcon ne se détaillent pas.

DEPUIS Offenbach, l'opérette n'a cessé de triompher aux Bouffes, et y a obtenu un succès européen avec la *Mascotte* et *Miss Hélyett*. Cependant on y joue aussi le vaudeville et la comédie.

AMBIGU - COMIQUE

Boulevard Saint-Martin, 2. — *Téléph.* 266-88.

PRIX DES PLACES	Bur.	Loc.	PRIX DES PLACES	Bur.	Loc.
Premier Bureau :			Fauteuils de foyer :		
1res avant-scènes	9 »	10 »	1re série : 1er rang	4 »	4 50
1res loges et baignoires grillées ou découvertes	8 »	9 »	2e — : autres rangs, de face	3 »	3 50
2es loges de face et 2es avant-scènes	4 »	4 50	3e — : loges de foyer, de côté	3 »	3 50
Fauteuils d'orchestre :			*Deuxième Bureau :*		
1re sér.: les 7 prem. rangs 1 à 190	7 »	8 »	Stalles de galerie	2 »	2 »
2e — : les 4 rangs suiv. 191 à 269	6 »	7 »	Amphithéâtre	1 »	» »
3e — : les 5 aut. rangs 270 à 360 ; 12e,13e, 14e et les 2 rangs circulfres.	5 »	6 »	Les dames sont admises à toutes les places. — Les enfants paient place entière.—Les loges grillées ou non ne se détaillent pas. — Il y en a de 8, 6, 5, 4 et 2 places.		
Fauteuils de balcon :					
1re série : le 1er rang	7 »	8 »			
2e — : les autres rangs de face	6 »	7 »			
3e — : les autres rangs de côté	4 »	5 »			

A chaque 1re représentation, toutes les places du rez-de-chaussée et du 1er étage sont à 10 francs.

On vient y frémir devant le spectacle des plus noirs complots, devant les péripéties palpitantes des aventures des héros populaires, ou les fantastiques histoires d'innocents condamnés et d'assassins comblés d'honneurs. Mais qu'on ne craigne rien pour la morale : aux environs de onze heures trois quarts, la vertu se trouve toujours fatalement récompensée et le crime puni, aux applaudissements d'un public enthousiaste.

CHATELET

Place du Châtelet, Téléphone 102-66.

PRIX DES PLACES	Bur.	Loc.	PRIX DES PLACES	Bur.	Loc.
Premier Bureau :			*Deuxième Bureau :*		
Loges à salon, 8 places	60 »	72 »	Stalles de 1re galerie (1er rang de face)	5 »	7 »
— de balcon { 6 places	45 »	54 »	Stalles de 1re galerie, 2e, 3e et 4e rangs, 1er rang côté	» »	6 »
{ 5 —	35 »	45 »	1er amphithéâtre	3 »	4 »
Baignoires { 5 places	35 »	45 »	Parterre	3 »	4 »
{ 4 —	30 »	36 »	2e amphithéâtre	2 50	» »
Fauteuils de balcon (1er rang)	8 »	10 »	3e —	1 »	» »
— — 2e, 3e, 4e, 5e r.	7 »	9 »			
— d'orchestre, 1re série	8 »	9 »			
— 2e —	6 »	7 »			

Les loges se louent entières. — Les enfants paient place entière. — Les dames sont admises à toutes les places.

Le **théâtre du Châtelet,** la plus vaste salle de Paris, est construit sur l'emplacement de la prison du Châtelet ; c'est le théâtre de la féerie et des pièces à grands spectacles. La mise en scène y est d'un luxe et d'une richesse prodigieuse. Et les ballets valent les décors. Le corps du ballet comprend cent danseuses, qui exécutent des pas gracieux, sous les travestis

…ments les plus poétiques et les plus ravissants. On y voit la
…nse des fleurs, des perles, des stalactites, des anges, se dérou-
…nt tantôt dans une demi-obscurité mystérieuse, tantôt sous
… flots de lumière éclatante.

GAITÉ

Square des Arts-et-Métiers. — *Téléphone 127-09.*

PRIX DES PLACES	Bur.	Loc.	PRIX DES PLACES	Bur.	Loc.
Premier Bureau :			Loges........................	5 »	6 »
Avant-scènes du rez-de-chaussée..	10 »	12 »	Avant-scènes	5 »	6 »
— des baignoires......	10 »	12 »	*Troisième Bureau :*		
— des 1res.............	10 »	12 »			
Loges noires	7 »	9 »	Stalles........................	3 »	4 »
— 1re galerie...........	8 »	10 »	— orchestre.............	4 »	5 »
Fauteuils d'orchestre.............	7 »	9 »	Avant-scènes 3e galerie...........	2 50	3 50
—— de la 1re gal. (1er rang).	8 »	10 »	Stalles 3e galerie face............	2 50	3 50
—— (les autres rangs).......	7 »	9 »	— — côté.............	2 »	3 »
Deuxième Bureau :			4e galerie côté	» 50	» »
Fauteuils de 2e galerie............	5 »	6 »	— de face.....	1 »	» »

Les enfants paient place entière. — Les dames sont admises à toutes les places.

U**NE** des plus vastes salles de Paris. C'est surtout le théâtre
de la féerie. Mais on y joue aussi des opéras-comiques, des
opérettes, même des drames et l'on y trouve aussi bien de
quoi pleurer que de quoi rire.

CLUNY

71, Boulevard Saint-Germain, près du Musée de Cluny. — *Téléphone 807-76.*

PRIX DES PLACES	Bur.	Loc	PRIX DES PLACES	Bur.	Loc.
Avant-scènes du r.-de-ch. (6 pl.).	36 »	42 »	Fauteuils d'orchestre............	4 »	5 »
— des premières (6 pl.).	36 »	42 »	— de balcon (1er rang).....	4 »	5 »
Loges noires (6 places)..............	30 »	36 »	— (les autres)...	3 »	3 »
Loges des 1res de balcon (6 places).	24 »	30 »	Stalles d'orchestre..............	2 50	3 »
Fauteuils d'orchestre avancés.....	5 »	6 »	— de 2e galerie...........	1 »	1 50
— d'avant-scènes..........	4 »	4 50	Parterre	1 50	2 »

Dimanches et fêtes, matinées. — Bureaux à 1 heure et demie. — Rideau à 2 heures. — Même
spectacle que le soir.

U**N** tout petit théâtre : le Palais-Royal de la rive gauche, où
trône la comédie Bouffe, avec une pointe d'observation
fine ; c'est le vaudeville désopilant, mais où ne manquent pas
observations intéressantes.

THÉATRE DÉJAZET

41, Boulevard du Temple. — *Téléphone 274-91.*
Ouvert à 8 heures 1/4. Commence à 8 heures 1/2.

Av.-sc. du r.-de-ch..	40 »	50 »	» »	Faut. orch. (2ᵉ série)..	3 »	Stalles d'orchestre..	
— de balcon...	30 »	35 »	40 »	— (3ᵉ série)..	2 50	Fauteuils de galerie..	
Baign. loges de face.	20 »	25 »	30 »	Faut. balcon, face,		Av.-sc. de galerie...	
Loges de côté......	20 »	25 »	30 »	1ᵉʳ rang.........	»	Stalles de galerie...	
— de face......	36 »	40 »	» »	Balcon 1ᵉʳ rang.....	5 50	Amphithéâtre......	
Faut. orch.(1ʳᵉ série).	5 »	» »	» »	— 2ᵉ et 3ᵉ rang...	3 »		

En location, 50 c. à 1 fr. — Matinées dimanches et fêtes à 1 h. 3/4.

C'EST le théâtre du vaudeville très vif et très fou, très bouffe et très inattendu ; — un Cluny de la rive droite.

L'OPÉRA POPULAIRE

40, Rue de Bondy (près de la Place de la République).

PRIX DES PLACES (en location et au bureau) : Loges, 5 fr. — Fauteuils d'orchestre et de balcon, 4 fr. — Stalles d'orchestre, 2 fr. 50.

INSTALLÉ dans l'ancien local des *Folies Dramatiques*, l'**Opéra Populaire** est destiné aux petites bourses. Son but est de populariser au sein des masses les œuvres des grands compositeurs, que tout le monde n'a pas les moyens d'aller écouter au Grand Opéra.

RENAISSANCE

20, Boulevard Saint-Martin. — *Téléphone 266-98.*

D'abord théâtre de drame lyrique, la *Renaissance* est devenue aujourd'hui théâtre d'opérettes.

PRIX DES PLACES	Bur.	Loc.	PRIX DES PLACES	Bur.	Loc.
Avant-scènes du r.-de-ch. et balc..	10 »	12 »	Loges 3ᵉ galerie, avant-scènes et loges 1ʳᵉ galerie..........	4 »	5 »
Baignoires................	8 »	9 »	Fauteuils 1ʳᵉ gal. (1ᵉʳ, 2ᵉ rangs)...	3 »	3 »
Loges de balcon.........	7 »	8 »	— (autres rangs)....	4 »	5 »
Fauteuils d'orchestre...........	6 »	7 »	Avant-scènes et st. de 2ᵉ galerie..	3 »	3 »
— de balcon (1ᵉʳ, 2ᵉ rangs).	7 »	8 »	Stalles de 2ᵉ galerie........	2 »	2 »
— — (autres rangs).	6 »	7 »	Amphithéâtre...............	1 »	1 1

Les locations se font sans augmentation de prix. — Les dames sont admises à toutes les places.

L'ATHÉNÉE-COMIQUE

Rue Boudreau (Square de l'Opéra) — *Téléphone 245-57.*

Avant-scènes, 10 fr. — Baignoires, 7 fr. — Fauteuils, 6 fr., 4 fr. et 3 fr.

AUTREFOIS Comédie-Parisienne. Aujourd'hui c'est le théâtre de la comédie nouvelle, la comédie fin de siècle et parisienne. Les rôles sont très bien tenus. La salle est charmante. On n'y regrette jamais sa soirée.

NOUVEAU-THÉATRE

15, rue Blanche. — *Téléphone 154-44.*

PRIX DES PLACES		PRIX DES PLACES	
Avant-scènes (4 places)	10 »	Fauteuils de balcon, 1er rang	5 »
Premières loges (4 places)	5 »	— — autres rangs	2 50
Deuxièmes loges (4 places)	5 »	— de galerie (de face)	1 50
Fauteuils d'orchestre, 6 prem. rangs	5 »	— — (de côté)	1 »
— — autres rangs	2 50		

C'EST un joli petit théâtre, fait pour les débutants. Pièces de jeunes auteurs interprétées par de jeunes acteurs et de jeunes actrices. Drame bourgeois, comédies.

Communiquant directement avec le Casino de Paris. On peut s'y rendre pendant les entr'actes.

LA BODINIÈRE

Théâtre d'Application : 18, Rue Saint-Lazare. — *Téléph. 147-31.*

Matinées à 3 heures et 4 heures 1/2.   Soirées à 8 heures 1/2

Tous les jours à 3 h., matinées par nos conférenciers et littérateurs les plus éminents.
Tous les jours à 4 h. 1/2, conférences avec auditions. — Comédies, opérettes, revues.
Prix des abonnements : série de 30 matinées des mercredis à 3 h. Loges et fauteuils, 100 fr.
fauteuils et galeries, 50 fr.
Prix des places au bureau : loges, fauteuils, 5 fr., galeries, 3 fr.

FONDÉE par M. Bodinier, ancien secrétaire de la *Comédie Française*, **la Bodinière** est destinée à produire les jeunes auteurs, dont les œuvres sont lues, commentées et jouées en des matinées-causeries très intéressantes ou en des représentations suivies, données par des artistes connus.

La conférence y fleurit.

LES MATHURINS

Rue des Mathurins. — *Téléphone 213-41.*
Matinées tous les jours à 3 h.
et à 4 h 1/2

UN tout petit théâtre, dans le genre de la Bodinière, voit son succès grandir tous les jours.

C'est un théâtre de bonne humeur dont sa devise :

Ici, point de fâcheux, point de mine bourrue,
Laissez avant d'entrer vos soucis dans la rue.

C'est aussi le théâtre de la grivoi-

Mlle Ritta.

serie, et s'il donne des matinées faites pour les jeunes filles, il e
donne aussi d'autres qui ne s'adressent qu'aux personnes que n'e
frayent ni les spectacles un peu libres, ni les mots un peu cru

MM. Tarride, P. Achard, et Mlle Marguerite Deval y joue
des revues, des piècettes, des opérettes, des pantomimes, et d
chansonniers comme J. Meudrot, Marescau et Hypsa, s'y fon
durant les entr'actes, entendre dans leurs œuvres.

THÉATRE LYRIQUE DE LA GALERIE VIVIENNE
6, Rue Vivienne.

Spectacles tous les soirs à 8 h. 1/2. — Matinées, le Dimanche à 2 h. 1/2.
Représentations des chefs-d'œuvre de la musique ancienne.

PRIX DES PLACES		PRIX DES PLACES	
Fauteuils d'orchestre, 1re série	4 »	Fauteuils de balcon	2
— 2e —	3 »	Stalles de galerie	1
— 3e —	2 50	Loges de 4 places	20

Un tout petit théâtre, situé non loin du Palais-Royal. Pen
dant quelques années on y a joué des drames, de
opéras-bouffes, des opérettes, puis des comédies de mœur

LE GRAND GUIGNOL
20 bis. Rue Chaptal.

Prix des places : 3, 4 et 6 fr.

Si Antoine a son théâtre réaliste, Oscar Méténier a aussi le sien
d'un réalisme encore plus audacieux, plus brutal, plus cynique
poussé jusqu'aux dernières limites des licences qu'on peut tolérer
sur la scène : c'est le Grand Guignol ; les marionnettes en soc
vivantes et symbolisent tous les « guignols », tous les fantochè
vieux et jeunes de la comédie humaine.

Installé dans l'ancien atelier du peintre Rochegrosse, par u
contraste ironique et piquant, c'est dans une salle à décoration
archaïque et religieuse, dont les murs et les plafonds sont de fonc
bleu à lys d'or, et dont la voûte est supportée par des anges, qu
se déroulent et se satisfont presque sous l'œil du spectateur ahun
les plus bestiales des passions humaines.

BOUFFES DU NORD
37, Boulevard de la Chapelle.

Théatre de quartier où l'on reprend pour le public excen
trique de la Chapelle, les mélodrames à succès de l'Am
bigu et de la Porte-Saint-Martin.

THÉATRE ROBERT-HOUDIN
8, Boulevard des Italiens.

Le prestidigitateur Robert Houdin, sur son petit théâtre, s'adresse surtout aux enfants, mais les grandes personnes elles-mêmes ne dédaigneront pas d'assister à ses fameuses expériences de physique amusante et à ses tours d'escamotage vraiment merveilleux, tantôt d'un véritable intérêt dramatique, tantôt d'un comique achevé.

LES CAPUCINES
39, Boulevard des Capucines.
Prix des places : fauteuils, 5 et 3 fr.

Les Capucines, — c'est le nom abrégé de l'ancienne salle des Conférences du Boulevard des Capucines, où débuta Sarcey.

Aujourd'hui les Capucines offrent au public qui ne veut pas ou ne peut pas gravir la Butte, quelques chanteurs et quelques diseurs de Montmartre. C'est un écho des cabarets artistiques, un écho répercuté sur le boulevard.

NOUVEAU-CIRQUE
Rue Saint-Honoré. 247. — *Téléph.* 241-84.

PRIX DES PLACES	Au Bureau	En Location
Loges (5 places)	25 »	35 »
Fauteuils	3 »	4 »
Galerie-Promenoir	2 »	» »

Tous les soirs à 8 h. 1/2. — Matinées : dimanches, mercredis, jeudis et jours de fête à 2 h. 1/2

Nota. — En faisant face aux écuries, les numéros pairs sont à *gauche*, et les numéros impairs à *droite*. Il n'y a pas de *deuxièmes*.

La piste est recouverte d'un épais tapis sur lequel les chevaux galopent sans soulever la moindre poussière. Cette piste est mobile, et peut à un moment donné, grâce à de puissantes machines hydrauliques, descendre dans le dessous, laissant à découvert une vaste piscine, où, comme dans les arènes antiques, les jeux nautiques viennent se substituer aux exercices de manège et aux cabrioles de Foot-Titt et Chocolat, les clowns favoris du public.

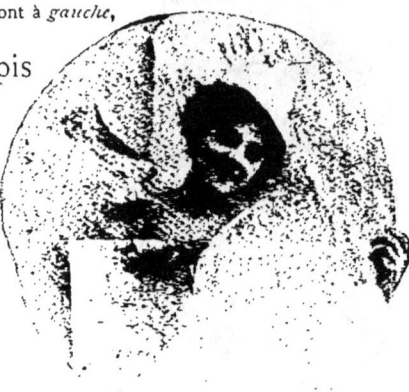

Clownesse.

CIRQUE D'HIVER
Boulevard des Filles-du-Calvaire

PRIX DES PLACES	Bur.	Loc.	PRIX DES PLACES	Bur.	Loc.
Loges	3 »	4 »	Deuxièmes	1 »	»
Premières	2 »	3 »	Troisièmes	» 50	»

Les enfants paient place entière. — Ouvert de la 1re quinzaine d'octobre à la fin d'avril.

Ouvert du 15 octobre à fin avril. Exercices équestres, clowneries et pantomimes.

Public bourgeois et ouvrier.

CIRQUE-PALACE DES CHAMPS ÉLYSÉES
Champs Élysées, avenue Matignon, carré Marigny.

Location : de 11 heures à 4 heures.

PRIX DES PLACES	Bur.	Loc.	PRIX DES PLACES	Bur.	Loc.
Loges	4 »	5 » / 6 fr. le sam.	Premières	3 »	4 » / 5 fr. le sam.
Les enfants paient place entière.			Deuxièmes	1 »	» »

Ouvert de la 1re quinzaine d'avril à la 1re quinzaine d'octobre.

C'est l'ancien Cirque d'Été, entièrement reconstruit et transformé, avec une piste mobile, une piste d'eau, un théâtre sur la piste, permettant de faire figurer des chevaux. Chevaux pur sang, les plus renommés des écuries parisiennes.

CIRQUE MÉDRANO
63, Boulevard Rochechouart et 72 ter, rue des Martyrs.

PRIX DES PLACES	Bur.	Loc.
Loges (5 places)	20 »	25 »
Fauteuils	2 »	3 »
Stalles	1 »	1 50
Secondes	» 50	» »

Clownesse.

Pitreries désopilantes, exercices d'acrobatie et de manège d'une exécution parfaite, et toujours de la gaieté, des scènes et des pantomimes amusantes, tel est le programme du Cirque Médrano.

Public bourgeois et ouvrier, auquel se mêlent les jolies filles de Montmartre, les rieuses habitantes de la Butte. A voir comme un coin curieux du Paris des faubourgs.

HIPPODROME

Rue Caulaincourt (Montmartre)

Prix des places, de 2 à 5 francs.

Un nouveau cirque, en plein Montmartre, tout près de la Place Clichy. Un cirque jeune qui cherche à renouveler le genre des vieux cirques de 1830, au cirque gai, très vivant, très pimpant,

Mlle Marck.

très amusant, avec de jolies petites écuyères dignes de chevaucher tous les pégases de Butte sacrée.

Un cirque enfin qui fait partie du cycle des attractions spéciales de Montmartre. (6.500 places.)

Les Cafés-Concerts
et Music-Halls

Folies-Bergère
32, rue Richer. — Téléphone, 102-59.

Loges : 24 fr., 30 fr., 40 fr. — Fauteuils : 5 fr.
Promenoir : 2 fr.

Les **Folies-Bergère**, avec leur jardin d'hiver où joue l'orchestre des dames viennoises, et où des petites tables sont disséminées sur un tapis moelleux qui remplace le frais gazon des pelouses, avec son promenoir circulaire tout autour de la salle de spec-

Le Promenoir des Folies-Bergère.

tacle, ses loges et ses galeries à deux pas du boulevard, les Folies-Bergères sont fréquentées par tous ceux qui trouvent la vie trop courte pour la passer à s'ennuyer, et qui veulent régaler leurs yeux par la vue très proche des plus belles filles de Paris.

On s'y divertit, on s'y amuse autant par les scènes qui se jouent dans les loges, dans les promenoirs et le jardin, que par le spectacle varié qui se déroule sur les planches.

L'aristocratie du demi-monde ne dédaigne pas les loges des Folies-Bergères et il est tels soirs où l'on peut promener sa lorgnette sur tout l'armorial de la haute galanterie parisienne : admirer les dames de la Croix-Nivert, Magdeleine de Saint-Ouen, marquise de la Crème-Fouettée, Alice du Saint-Esprit, etc., etc., noms de guerre qu'arborent en partant pour les croisades d'amour, les ex-filles de « régiment », les ex-femmes de chambres, les ex-blanchisseuses enrégimentées par « la Noce ».

Pas une étoile ne se lève aux quatre coins de l'horizon, sans qu'aussitôt l'imprésario des Folies-Bergères, l'infatiguable M. Marchand saute dans un express pour aller vite la décrocher et la rapporter à ses Folies. Il a ainsi ramené de Londres les délicieuses petites poupées vivantes appelées les Barrisson, les étourdissantes acrobates Willy et Charley, et l'incomparable jongleur Bagessen ; de Madrid, il a ramené la belle Otero, et de Naples la Cavalieri ; de Londres, cet estropié de génie, Little-Tich !

Les Folies-Bergères sont parvenues à réunir tous les genres, depuis le cirque, avec les animaux savants, jusqu'à l'opéra-comique, avec les *ballets rayonnants* de lumière électrique, les danseuses en maillot de soie dessinant leurs hanches et leurs jambes, et la musique des maîtres, comme celle de François Thomé. Il n'y a pas moins de 16 à 18 numéros *chaque soir*.

Les entr'actes eux-mêmes sont comme une succession de tableaux vivants, une sorte de cinématographe où défilent toute la vie galante et la vie nocturne de Paris. L'odeur de la femme traîne partout et vous envahit, dominant celle des londrès, et l'on regarde, étourdi, ce troupeau de vierges folles passer en musique sur un fond rouge sombre, coupé de glaces, dans un tournoiement ralenti de chevaux de bois.

On regarde les hanches onduler dans les robes bordées en bas comme d'un remous d'écume par le blanc jupon qui dépasse la queue de l'étoffe. On « hennit », en suivant le travail souple de ces dos de femmes se coulant entre des poitrines d'hommes qui, venant en sens inverse, s'ouvrent et se referment sur elles, laissant entrevoir, par les interstices des têtes, des derrières de chignons allumés de chaque côté par le point d'or d'un bijou, par l'éclair d'une pierre... « Elles sont inouïes et elles sont splendides, lorsque dans l'hémycycle longeant la salle, elles marchent à deux, poudrées et fardées, l'œil noyé dans une estompe de bleu pâle, les lèvres cerclées d'un rouge fracassant, les seins projetés en avance sur des reins sanglés, soufflant des effluves d'opoponax qu'elles rabattent en s'éventant et auxquels se mêlent le puissant arôme de leurs dessous de bras et le très fin parfum d'une fleur en train d'expirer à leur corsage. »

Aux Folies-Bergère.

Le Casino de Paris
15, rue Blanche. — 16, rue de Clichy

Vendredi : Jour select
Promenoir, 2 fr. — Fauteuils, 4 fr. — Loges, 5 fr.

En entrant par la rue Blanche, on a d'abord une vision d'Orient, grâce au « Salon Indien », dont les petits boudoirs sont discrètement éclairés par des globes rouges.

La porte du « Paradis de Mahomet » s'ouvre sur ce Salon très oriental, et les houris et les almées qu'on entrevoit promettent des voluptés divines aux pauvres mortels.

Alignés contre le mur, trois ou quatre nègres en caleçon de bain et en... bois, attendent qu'on leur

La Salle du Casino de Paris.

tape sur le ventre ; et pour la modeste somme de 2 sous, ils vous indiquent la force de vos biceps.

Du seuil de la Grande salle, le coup d'œil est superbe. Des colonnes légères soutiennent des galeries en encorbellement inondés des feux de lampadaires dorés. Partout des glaces, dans cette salle dont le joli ton vert pâle, avivé de blanc et d'or, jette de la gaîté autour de vous, et en remplit vos yeux.

Dans les loges du pourtour, séparées par de légères cloisons qui permettent à chacun d'être chez soi, c'est comme une floraison, un véritable bouquet de fleurs.

vivantes et palpitantes. Et les éventails, agités d'une main adroite, mettent comme un vol de grands papillons aux ailes semées de paillettes d'or et de pierres précieuses, autour de ces fleurs de chair aux parfums capiteux.

Au milieu de la salle, autour de petites tables, des groupes de spectateurs venus ensemble pour s'amuser.

Et ils s'amusent vraiment, car le **Casino de Paris** offre toutes les attractions et les divertissements des grands music-halls de Londres et de Vienne, où tout concourt à éblouir, à charmer et à retenir : Jolies femmes sur la scène et dans la salle, ballets somptueux avec bataillons de danseuses délicieusement habillées et déshabillées, numéros extraordinaires...

Les jours de grande fête, on danse aussi dans la salle, comme si la direction voulait rappeler qu'avant d'être ce qu'il est, le Casino était un émule du Moulin-Rouge, et fit la gloire de l'école de *Nini-Patte-en-l'Air* et de *Grille-d'Égout.*

L'Olympia
Boulevard des Capucines, 28.

	BUREAU	LOCATION
Avant-scène..................	50 fr.	60 fr.
Rez-de-chaussée.............	30 fr.	35 fr.
Loges de balcon..............	25 fr.	30 fr.
Fauteuils d'orchestre.........	6 fr.	7 fr.
— balcon, 1re série...	5 fr.	6 fr.
— — 2e — ...	4 fr.	5 fr.
— galerie, 1re série...	2 fr. 50	
— — 2e — ...	2 fr.	
Promenoir	3 fr.	

L'Olympia, c'est les Folies-Bergère et le Casino du boulevard. Il complète, ou plutôt il commence la trilogie des Grands Musics-Halls parisiens.

Beaucoup de boulevardiers ne pourraient pas dormir s'ils n'allaient passer une partie de leur soirée en ces lieux fortunés. Tous trois ont un aspect différent et une clientèle féminine spéciale : au Casino, c'est la « vieille garde », les femmes arrivées ou qui paraissent l'être, qui trônent dans les loges du pourtour ; aux Folies-Bergères, ce sont les vraies petites bergères qui trottent menu à la recherche des moutons, toujours faciles à tondre. A l'Olympia, ces dames sont « entre-deux ». Ce sont telles petites minettes familières qui font ronron, et vous demandent avec un tendre miaulement, de les mettre devant une soucoupe, même devant plusieurs. Elles poussent le client à la consommation.

L'Entrée de l'Olympia.

Autour d'une petite table, les « alliances », les « unions », les « mariages » — pour employer les termes propres des petites annonces du « *Journal* » — se font plus facilement.

Mais entrons. Aussitôt les portes capitonnées de cuir franchies, c'est un coup d'œil délicieux, un décor riant et gai, bleu et or, comme un rêve de jeune fille. On foule des tapis qui mettent comme un lit de mousse sous vos pas. On marche entre des allées de fleurs, comme au pays d'un éternel printemps. Les loges drapées de peluche bleue et or, les avant-scènes d'une richesse orientale, sont suspendues en immenses corbeilles pleines de fleurs aussi, mais de fleurs vivantes, de fleurs de chair qui palpitent, de fleurs aux rouges lèvres, toujours prêtes à s'ouvrir aux baisers.

Le Lever de la Parisienne.

Dans ce cadre splendide, dans la joie et la clarté de cet élégant décor où pleut la lumière, le spectacle a quelque chose de somptueux comme le siècle de Louis XIV, et de galant comme le règne de Louis XV.

Il fallait cette richesse et ce grand éclat dans la décoration, pour faire de l'Olympia le vrai sanctuaire de cet art si charmant de la danse, auquel la nouvelle direction des frères Isola a voué un culte voluptueux. MM. Isola dépensent sans compter. Et que leur fait 25000 fr. de dépenses par mois, pourvu que leur corps de ballet soit jeune et séduisant?

Aussi quelle floraison capiteuse de jolies femmes, sur cette scène qui est aujourd'hui une des premières du monde! **La Danse** s'y révèle dans toute sa grâce suggestive, dans toute sa beauté, toute sa perfection de formes et de lignes; elle évoque la légèreté du papillon et l'agilité de l'oiseau.

Les attractions les plus diverses — comme le *Lever et le Coucher de la Parisienne* qui fit courir tout le monde — sont réunies à l'Olympia qui a aussi installé dans son sous-sol une taverne et un bar rapidement célèbres, où se réunissent chaque soir tous les soupeurs et soupeuses de Paris.

Le Jardin de Paris
Champs-Élysées, Côté gauche.

Entrée : 5 fr. — Jours de gala : 10 fr.

Les Champs-Élysées sont le centre de toutes les attractions d'été ; à côté du Théâtre Marigny, les cafés-concerts, et à côté des cafés-concerts, la danse !

Le Jardin de Paris a remplacé Mabille qui fut le triomphe de la Gaîté parisienne et universelle, le sanctuaire du "cancan", appelé aujourd'hui plus vulgairement "chahut".

Oller, le créateur de tant d'attractions parisiennes, Oller, le magicien, a su faire du *Jardin de Paris* un petit *paradis* où se promènent et dansent, pour le plaisir des yeux, les plus belles filles d'Ève du monde.

L'Entrée du Jardin de Paris.

Sous sa direction, ce Jardin brille de tout l'éclat de feu Mabille, avec, en plus, les merveilleuses projections de l'électricité, les arbres aux vertes et épaisses frondaisons toutes étoilées de lumière, les guirlandes et les girandoles de feu qui donnent à ce décor unique dans Paris un aspect de fête fantastique.

Autour du Kiosque monumental où trône un orchestre de 50 musiciens, les reines de la danse révèlent aux étrangers toutes les attitudes, toutes les poses, toutes les fantaisies et les audaces du "cancan" parisien. C'est une acrobatie savante qui éveille, tout comme une danse d'Orient, des sensations de volupté. Les Parisiennes du Jardin de Paris dansent surtout avec leurs jambes et leur danse paraîtrait assurément hardie et effrontée si elles y mettaient moins de grâce et moins d'art.

On retrouve parfois au Jardin de Paris quelques unes des célébrités du Moulin-Rouge : *Grille d'Égout, Clair de Lune, La Torpille, La Japonaise, Fil d'Argent, Fil de Fer, Jeanne Beaunichon, Irène* (danseuse grecque), *Pomponette, Gigolette, Cendrillon*, etc., et le fameux danseur *Valentin-le-Désossé*.

LA SCALA

13, BOULEVARD DE STRASBOURG

Tous les soirs à 8 heures.— Prix des Places : de 6 à 1 fr.

Sur ce joyeux boulevard de Strasbourg, qui, dans le voisinage des grands boulev. (St-Martin et St-Denis), compte tant de cafés et de brasseries, les unes avec orchestre, les autres avec chanteurs et divettes, presque en face de son rival, l'Eldorado, — la Scala est du côté gauche.

La salle, restaurée, maintenant élégante, blanc et or, a un aspect très gai et très riant, avec ses rangs de galeries supérieures et ses loges découvertes du rez-de-chaussée, où s'étalent dans tous leurs atours, dans leurs corsages de dentelles ou de soie, les demi-mondaines de haute marque.

La scène est pimpante, les décors sont ravissants, et l'on ne peut rien rêver de plus frais, de plus suggestif

GUIDE DES PLAISIRS A PARIS 59

Mlle Serpolette.

pour l'œil que tous ces costumes, qui souvent n'en sont pas, et déshabillent avec un art savant la collection des jambes les mieux faites de Paris.

La Scala est un théâtre de femmes et de pièces à femmes, de revues où défile tout le charmant bataillon de Cythère se livrant à de fines escarmouches avec les monocles et les jumelles des loges.

Succession de tableaux vivants, entremêlés de couplets égrillards, dits par des divettes comme Mlle Serpolette.

L'ELDORADO

4, BOULEVARD DE STRASBOURG, EN FACE DE LA SCALA

Tous les soirs à 8 heures.
Prix des places : 1 fr. 50.
0 fr. 50.

M ÊME genre que la Scala. Chansons et opérettes. Les « Revues » de l'Eldorado sont très goûtées du public et attirent la foule. A 4 heures, apéritif-concert.

Une scène de Revue.

PARISIANA

27, BOULEVARD POISSONNIÈRE

*Tous les soirs à 8 h. 1/2. — Prix des places :
Avant-scène (rez-de-chaussée), 7 fr.; — Avant-scène
(balcon), 6 fr.; — Loges (rez-de-chaussée), 6 fr.; —
Fauteuils d'orch. I, 5 fr.; — Fauteuils d'orch. II,
4 fr.; — Fauteuils (balcon) I, 4 fr.; — Fauteuils
(balcon) II, 3 fr.; — Fauteuils (galerie), 2 fr.; —
Stalle, 1 fr.; — Promenoir, 2 fr.*

Le promenoir n'est séparé du boulevard que par une portière.

La salle est toute fraîche, toute pimpante, et offre un

Une loge d'artiste.

coup d'œil charmant avec ses loges découvertes, où trônent de belles filles venues là pour offrir l'hospitalité parisienne aux nobles étrangers.

Sur la scène, les reines de la Chanson française, de la chanson joyeuse, des couplets aux gais refrains, aux sous-entendus suggestifs.

Le spectacle-concert se termine par une Revue, — qui est une véritable revue, un long et délicieux défilé des plus jolies Parisiennes qu'on puisse désirer, dans des costumes qui sont des poèmes de grâce et d'Amour.

FOLIES-MARIGNY

AV. MARIGNY — CH.-ÉLYSÉES
Loges, 6 fr. — Fauteuils, 5 fr. — Entrée, 3 fr. — Promenoir extérieur et intérieur.

Un très gentil petit théâtre, une véritable bonbonnière, en plein Champs-Élysées ; quelque chose comme un Casino de Paris et des Folies-Bergère où l'on jouerait des pièces à spectacles. Tout un régiment de jolies femmes représente le corps de ballet. Et le spectacle est également dans la salle, dans les loges, dans le promenoir, où les péripatéticiennes du grand boulevard se montrent dans toute leur beauté et dans tous leurs attraits.

Première danseuse.

L'ALCAZAR D'ÉTÉ

AUX CHAMPS-ÉLYSÉES, COTÉ DROIT.

Loges, 4 fr. — Fauteuils, 4 et 3 fr. — Chaises, 1 fr. 50

L'Alcazar et les Ambassadeurs, qui se touchent, sont les deux frères Siamois du Café-Concert. Ils rivalisent entre eux pour attirer le public et lui offrir des numéros sensationnels.

Quand la température rend Paris impossible, même dans

Une « commère ».

la soirée, il n'est pas d'endroit plus frais que les Champs-Élysées où les arroseurs municipaux entretiennent une perpétuelle fraîcheur.

A l'Alcazar comme aux Ambassadeurs, les toilettes raffinées des chanteuses donnent une grâce voluptueuse au spectacle, mettent une note d'élégance toute parisienne qui est charmante aux yeux.

A l'Alcazar, on peut aussi dîner en assistant au concert (V. *Restaurant*).

LES AMBASSADEURS

AUX CHAMPS-ÉLYSÉES, COTÉ DROIT

*Loges, 5 fr. — Fauteuils, 4 et 3 fr. — Chaises, 1 fr. 50.
Le prix de la place donne droit à une consommation.*

Tout Paris court l'été au Concert des Ambassadeurs. Quand la nuit arrive, la fraîcheur y est délicieuse sous les grands arbres, illuminés *à giorno*. On se croirait dans un grand parc, invité à quelque fête royale.

Toutes les chanteuses-étoiles défilent au Café des Ambassadeurs ; tous les chanteurs en renom s'y font entendre. C'est, en été, un coin charmant et très parisien, un coin du Paris joyeux et bien vivant.

On dîne aussi au Café des Ambassadeurs (V. *Restaurant*).

L'entrée des Ambassadeurs.

BA-TA-CLAN

50, BOULEVARD VOLTAIRE

Entrée : Avant-Scène, 2 fr. 50 à 3 fr. ; — Fauteuils d'Orchestre, 1,50 ; — Promenoir, 1 fr.

Sous ce joyeux pavillon chinois, inondé de lumière, où la cymbale retentit, le public du Boulevard, du quartier Voltaire et du quartier du Temple, le négociant cossu, l'ouvrier ébéniste, les vieux messieurs décorés et les familles bourgeoises se pressent pêle-mêle pour venir prendre leur part des désopilantes joyeusetés de Ba-ta-clan.

A Ba-ta-clan, on voit des chanteuses très décolletées, parodiant les déshabillés et les déshabillages des scènes des grands boulevards, et les envolées de jambe y soulèvent des applaudissements frénétiques qui semblent signifier : « Encore ! Toujours plus haut !... » Les petites divettes de Ba-ta-clan sont à la hauteur de leurs fonctions.

Entre les deux portes d'entrée, le café Ba-ta-clan : rendez-vous des artistes. — Soupers.

LE PETIT CASINO

12, BOULEVARD MONTMARTRE

Prix des places : de 2 à 1 fr.

Mlle Gavrochinette.

C'est le café-concert, — le café-concert vieux jeu, tel qu'il se rencontre encore dans les villes de province. Installé en plein boulevard, on y entend tour à tour le couplet sentimental, le couplet patriotique, le couplet militaire, le couplet faubourien et le couplet grivois. Il y en a pour tous les goûts et pour toutes les oreilles, — surtout pour ceux qui n'en ont pas, car chanteurs et chaneuses du petit Casino ne sortent pas du Conservatoire.

On passera cependant un moment agréable dans cette

jolie salle, à voir défiler les petites divettes, surtout attrayantes par leur costume — raccourci le plus possible!

Au Petit-Casino, l'apéritif-concert se prend pendant les répétitions. Le spectacle est original.

L'étranger peut ainsi s'initier aux mystères des petites scènes parisiennes, et se livrer à des comparaisons piquantes sur les artistes habillées et déshabillées.

CONCERT PERSAN

16 *bis*, BOULEVARD SÉBASTOPOL

Bock, o fr. 5o. Dimanches et Fêtes (matinée), *o fr. 75*

Installé dans le sous-sol du Café Persan, ainsi appelé à cause de ses vitraux représentant des sujets de sa Majesté persane vêtus de belles robes à fleurs.

La salle est un long et étroit boyau, coupé en son milieu par une colonne en fonte.

Une petite scène, au fond, dans une perspective lointaine et falote. En cet étrange auditoire, un remous de chignons luisants, avec çà et là des petites capotes roses, des casquettes plates et des chapeaux melon.

Au répertoire, la chanson décolletée, la chanson gaillarde, comme en un café-concert de garnison.

CONCERT DE L'HORLOGE

23, FAUBOURG MONTMARTRE

Concert-Apéritif de 4 à 6 h : **40** c. le bock.
Le Soir, **Spectacle-Concert**, de 8 h. 1/2 à 11 h. 1/2 : **50** c. le bock.
Dimanches et Fêtes : **75** centimes.

Amusant, mais peu élégant. Concert populaire. Chansons d'actualité, surtout chansons légères. Public très mélangé. Quelques bons bourgeois du quartier, à côté de la jeunesse de l'asphalte du boulevard Montmartre. On peut y faire des études de mœurs, surtout dans la soirée.

CONCERT DE L'ÉPOQUE

10, BOULEVARD BEAUMARCHAIS

Entrée : *Loges, 1 fr. 75 ; Galeries, o fr. 60.*

La salle est très petite et toujours comble. Public des plus mélangé. Aux galeries du 1er étage, un ramassis

de populace gouailleuse qui se gaudit ferme des petites
« saletés » du répertoire, et applaudit des mains et des
pieds les femmes en décolleté savant qui viennent faire
sur la scène leurs confessions.

Toute la lyre de la chanson populaire et populacière,
depuis : le *Coucou détraqué*, jusqu'à : *Vous ne ferez
plus la pige aux femmes.*

CONCERT LEFORT

19, FAUBOURG MONTMARTRE

Loges et Fauteuils réservés, 1 fr.
Autres places : Bock ou Café, 0 fr. 75

ÉGALEMENT à quelques pas du boulevard. Longue salle,
long boyau peu élégant. Productions diverses : Chansons et chansonnettes, danses, luttes, etc.

BOBINO

20, RUE DE LA GAITÉ

Loges, 1 fr. 25. — Fauteuils, 1 fr.
Stalles, 0 fr. 50

Le Couplet sentimental.

CAFÉ-CONCERT, music-hall populaire
et original, dont les loges, à
60 cent. sont peuplées d'hommes en
blouse et en casquette. Même aux
premières loges, des femmes en cheveux... Aux fauteuils, petites ouvrières du quartier, souvent jeunes et
jolies.

Toutes les attractions possibles,
depuis la chanson « asticotante »
et la piécette en un acte, jusqu'aux
exhibitions de lions. Une vraie ménagerie !

CONCERT DE LA PÉPINIÈRE

7, RUE DE LA PÉPINIÈRE

COIN curieux à visiter. Y rester une heure, pour passer
en revue tous les types et genres de domestiques
parisiens, valets et femmes de chambre, garçons d'écurie
et palefreniers, cochers de grande maison, bonnes et

cuisinières, autrement appelés : « gens de maison. » On retrouve ici toutes les figures des bureaux de placement, voire même des femmes de ménage et des concierges !

La petite « bobonne », gentille, coquette, bavarde, espiègle, s'y sent chez elle, comme sa maîtresse à l'Opéra ou aux Français.

GRAND CONCERT DE LA PRESSE

125, RUE MONTMARTRE

Entrée libre. — Consommations ordinaires (en semaine) 0 fr. 40. — Dimanches et Fêtes, 0 fr. 75. — Matinées, Dimanches et Fêtes, de 3 h. à 6 h. — (Les dames en cheveux ne sont pas admises).

A quelques minutes des grands boulevards. Chansons populaires et chansons parisiennes. L'étranger s'initiera tout de suite à l'esprit de nos chansonniers, au genre qui plaît au peuple de Paris. Le couplet grivois alterne avec le couplet patriotique ou sentimental.

La salle est ordinairement archi-pleine, et c'est à travers un rideau de fumée qu'on aperçoit les jolies chanteuses et les joyeux chanteurs.

LA VILLE JAPONAISE

17, BOULEVARD DE STRASBOURG

Bock, 0 fr. 50.

A la Ville Japonaise.

En face le café du Globe. A l'entrée, grande porte japonaise, surmontée d'un écriteau : « A vendre ! »

La salle est divisée en deux parties égales par une demi cloison. Dans la première, limitée par une petite scène, on entend des chansons drôles, et dans la deuxième où tout profane peut pénétrer, on a le loisir de causer de très près avec les divettes : on est dans les coulisses.

Cela dure jusqu'à 11 h.

Alors s'ouvre au sous-sol, jusqu'à 2 h. du matin, le **Caveau**, dont la longue salle est ornée de magots japonais, et où des chansonniers de Montmartre, et d'ailleurs, se font entendre dans leurs chansons plus ou moins « rosses ».

LES NOCTAMBULES

7, RUE CHAMPOLLION (près de la Sorbonne)
Bock, 1 fr.

C'EST une succursale, en plein quartier latin, des cabarets de Montmartre. Leurs poètes et leurs chansonniers les plus connus, Montoya, Hyspa, Mévisto, etc., ne dédaignent pas de descendre jusqu'ici, loin de la Butte, interpréter leurs œuvres, à côté des chansonniers du « Boul'Mich. », des jeunes poètes aux allures don-juanesques, guêtrés de jaune, et cravatés haut avec la « Barbiche 1830 », et des jolies divettes aux atours élégants.

On y voit aussi les restes de la fameuse bande des « hydropathes », en la personne de Méric, le fameux directeur de l'ancien « Soleil d'Or », « Méric-Falstaff » l'intrépide buveur et le chanteur à la voix de tonnerre.

Aux Noctambules, la chanson est très « décolletée ». Des chansons comme : *Le petit Jésus de Madeleine*, *Pour apprendre à jouer du luth*, ne s'adressent pas aux personnes qui rougissent facilement, mais elles vont très bien et sont en harmonie avec le public de cocottes poudrerizées, de demi-mondaines de la rive gauche, et d'étudiants « rastas » qui s'entassent ici.

CAFÉ DES GALERIES ST-MARTIN

8, FAUBOURG SAINT-MARTIN
Entrée libre. Bock, 0 fr. 40

UN des plus joyeux et plus caractéristiques cafés-concerts populaires et faubouriens. Grand hall avec galerie circulaire à laquelle on monte par un escalier en colimaçon. C'est de la galerie qu'il faut voir le spectacle qui est davantage dans la salle que sur l'estrade de planches qui sert de scène aux chanteurs, aux chanteuses et aux danseuses en maillot rose. A côté de femmes en cheveux, des cocottes chapeautées à la dernière mode, des ménages d'employés au complet, avec beau-père, belle-mère et gosses, des militaires, leur sabre entre les jambes, enlaçant la taille d'une petite bonne, d'une « payse ».

A l'entrée de la galerie, assis derrière un billard émaillé de consommation, les artistes en costume, les chanteuses en maillot ou très décolletées, attendent leur tour de descendre l'escalier et de monter sur l'estrade. Ce foyer public est bien amusant pour un observateur.

ATHÉNÉE SAINT-GERMAIN

21, RUE DU VIEUX COLOMBIER
Fauteuils, 4 fr., 3 fr. et 2 fr.

Précédé d'un hall d'exposition, dont les cinématographes sont déjà une attraction.

La salle de l'Athénée est très jolie, et sa scène, pimpante et lumineuse, égayée de frais costumes et de frais décors, ressemble à un petit théâtre de marionnettes très mignon.

On y joue des farces lyriques, des petits opéras-comiques, des fantaisies comiques, des petites comédies, tout comme à un casino de bains de mer. Public de quartier très bourgeois, très honnête, très tranquille. Y envoyer sa femme tandis qu'on va à Montmartre.

CONCERT DE LA GAITÉ

MONTPARNASSE

24, RUE DE LA GAITÉ

Concert de quartier, amusant surtout par son public spécial.

Y aller (de bonne heure, à 8 heures au moins) un samedi ou un dimanche. Petite salle enfumée, parfumée de senteurs d'orange. Aux fauteuils (1 fr. la place !) petits bourgeois, commerçants du quartier avec femmes et enfants. Au balcon, ouvriers en bourgeron, modistes en cheveux. Au poulailler, voyous et gavroches, grands lanceurs de lazzis. Public sur lequel tout porte — surtout le couplet patriotique — manifestant ses sentiments avec un entrain frénétique, reprenant en chœur le refrain chanté par le favori.

Communique avec la salle du *Café de la Gaîté* (Avenue

du Maine n° 67) très vaste, décoré de peintures de genre. 9 billards.

LE CAVEAU DU CERCLE

119, BOULEVARD SAINT-GERMAIN

Bock, 0 fr. 40

Installé dans le sous-sol du *Café du Cercle.*

C'est à peu près le seul qui subsiste de la célèbre génération des caveaux du « quartier latin ».

Il appartient aux jeunes, qui ont plus ou moins de talent, et que préside le chansonnier Léo-Leliévre, et surtout aux femmes du « Boul-Mich », qui viennent y développer à la fois leur double talent de musiciennes et de marchandes d'amour.

Quelques types intéressants : Mariani, qui y chante avec humour des romances italiennes, et de jeunes amateurs dont beaucoup appartiennent au 1er régiment de génie de Versailles. — Clientèle d'étudiants.

Un duo.

CONCERT ROUGE

6, RUE TOURNON

Tous les soirs à 8 h. 1/2
De Mai à Septembre, matinées Dimanches et Fêtes.
Entrée : 1 fr. 25 avec consommation.

Un petit « Lamoureux » aux portes du Quartier Latin, où l'on joue les meilleures œuvres des classiques et des modernes, de Mozart à Wagner, et des fragments *inédits* de musiciens contemporains, de toute école et de tous pays. Presque tous les musiciens sont 1er prix du conservatoire.

Public d'étudiants sérieux et d'universitaires. On y vient en landau du faubourg St-Germain.

Montmartre

Le Moulin Rouge

(Place Blanche) boulevard de Clichy, 90)

Tous les soirs, de 8 h. 1/2 à minuit 1/2
Entrée : 2 et 3 francs.
Les SAMEDIS (d'Octobre à fin Mai) soirées de gala, redoutes, cortèges et défilés etc., jusqu'à une heure du matin. Entrée : 5 fr.
Les DIMANCHES et JOURS FÉRIÉS, matinées de 2 heures à 6 heures. Entrée : 0 fr. 50.
Bock : 40 cent. ; Café : 80 cent.

Quand on monte du Boulevard (dix à quinze minutes à pied) par la rue de la **Chaussée-d'Antin**

La Salle de danse du Moulin-Rouge.

et la rue **Blanche**, ou par les rues **Lepelletier** ou **Drouot**, **Notre-Dame-de-Lorette** et la rue **Fontaine**, on aperçoit de loin les grandes ailes du **Moulin-Rouge**, qui tournent et virent avec leurs lanternes de phare pareilles à d'énormes étoiles rouges dansant une ronde fantastique dans le ciel, tandis que plus bas, à l'une des fenêtres du Moulin, le meunier pleure et fait des gestes désespérés à sa jolie petite femme qui, d'une autre fenêtre, jette son bonnet par-dessus les ailes symboliques.

Jusqu'à dix heures, chaque soir, il y a **Concert** dans la grande salle, en hiver, et, en été, dans le jardin.

Le Concert ressemble à tous les concerts des music-halls : chansons comiques, romances sentimentales, exhibitions variées, telles que celle du Pétomane qui mitrailla, il y a quelques années, tout Paris.

De dix heures et demie à minuit et demie, le Moulin-Rouge offre un spectacle très original et bien parisien, qui mérite d'être vu, même par les maris accompagnés de leurs femmes.

C'est le vrai Temple extravagant du « **Cancan** », le sanctuaire impur et joyeux de l'art du « **Chahut** », — cet art qui a fait de la danse une sorte d'acrobatie consistant à lever la jambe le plus haut possible ou à l'écarter le plus loin possible.

Une danseuse du Moulin-Rouge.

La **Goulue** y a conquis une célébrité mondiale. « Pas une, dit Maurice Delsol, ne retrousse jusqu'au nombril ses dessous de tulle si coquets, avec autant de grâce enfantine. Les excentricités les plus exotiques lui sont permises en vertu de cet adage : « Ne touchez pas à la reine ! » Un sourire de bacchante retrousse ses lèvres qui n'ont jamais eu de frémissements impudiques que pour son « amie » ou pour son « gigolo ».

Quand le contrôle est passé, on arrive au **bout d'un couloir** tendu de rouge, orné de photographies et de tableaux-affiches, et vraiment le coup d'œil n'est pas ordinaire : la salle, immense et haute, vous apparaît comme une gare transformée en salle de bal, instantanément.

L'orchestre, une musique de cirque, sonne de ses cuivres sonores étouffant les doux violons, la charge du bataillon des « **chahuteuses** » qui s'élancent en avant, la jupe retroussée, la jambe découverte.

Dans l'intervalle des entr'actes et des danses, un double courant d'hommes et de femmes circule comme en un débarcadère, se mêlant, se frôlant, formant des remous, avec tout un tohu-bohu de chapeaux de femmes empanachés et de chapeaux melon mélangés à des hauts-de-forme, des chapeaux mous, voire même à des casquettes.

Deux Amies.

Les corsages de satin rouge-cerise, vert, jaune, blanc, bleu, et les jupes multicolores sont d'une gaîté qui met l'œil en fête, l'observateur en joie.

Une atmosphère de tabac et de poudre de riz vous enveloppe.

A gauche, **à de petites tables**, des « petites dames » qui ont toujours soif, se font offrir des consommations ou attendent qu'on leur en offre. Dans leur reconnaissance, elles vous proposent tout de suite leur cœur à aimer... à condition que vous y mettiez le prix.

De chaque côté de la salle court une estrade, une large galerie ajourée d'où l'on peut, sans s'y mêler, contempler **les danses,** savourer la vue de toutes ces dames en grande toilette, qui se promènent et défilent comme en une foire d'amour.

Les unes, en robe décolletée, sous les dentelles transparentes de leur gorge, vous donnent des visions sensuelles de peau brune ou dorée, lisse comme de l'ivoire, et vous appellent du coin de la bouche ou du coin de l'œil; les autres passent superbes et fières, en reines de théâtre, en reines de Saba, droites et souples dans leur longue robe tailleur si bien ajustée qu'elle souligne toute l'ondulation et la finesse de lignes de leur corps que plus d'un peintre a pris pour modèle.

Le **Jardin s'ouvre à gauche** en entrant ; autour du kiosque de la musique évolue le troupeau de demoiselles

Le Jardin du Moulin-Rouge..

dressées et payées pour soutenir à la hauteur de son ancienne réputation le divin « chahut » parisien, recherché et apprécié de tous les peuples du globe qui accourent ici pour en goûter les beautés peu cachées.

Quelques familles anglaises, venues avec leurs douze enfants, regardent d'un air ahuri ces femmes qui dansent sans cavaliers, entre elles, en se livrant à des écarts de jambes qui indiquent de regrettables écarts de conduite. Et quand les jupes de dentelles se retroussent tout à coup jusqu'au ventre, en un envolement froufroutant et par trop suggestif, la prude Albion décampe en se voilant la face.

A travers les dentelles du pantalon ou la finesse transparente des bas de soie, on voit souvent rosir ou blondir la chair, — échantillon de ces jolies marchandes de câlineries et d'amour.

Pimpantes, provocantes, rieuses et enjôleuses, elles ont toutes la grâce féline et la séduction canaille de la **petite Parisienne des faubourgs.**

On dirait, à les voir si excitantes et perverses, des affiches de Chéret descendues de leur mur, pour montrer leurs jambes un peu plus haut dans la griserie carnavalesque d'un cancan délirant.

Sur les bancs, sous les arbres dont le feuillage frissonne aux froids reflets de l'électricité, des clubmen, des artistes, des diplomates français et étrangers causent avec de « grandes dames » dont la vie mériterait d'être racontée par un Brantôme moderne.

C'est **Grille d'Égout**, cette émule de la Goulue, qu'elle a remplacée ; c'est **Rayon d'or** qui n'est plus qu'un soleil couchant ; c'est la **Glu**, une célébrité d'autrefois, enlevée, il y a quinze ans, par un Anglais épris de son coup de hanche et de son coup de jambe, et qui lui offrit hôtel, che-

Une Bouquetière.

vaux, voitures sur les bords de la Tamise. Mais il y avait trop de brouillards là-bas. Elle se brouilla et revint jeter son bonnet par-dessus le Moulin.

Plus loin, voici **Clair de lune**, fille d'un capitaine au long cours, blanche et sentimentale comme l'astre aux rayons d'argent ; c'est **Sauterelle-la-Blonde**, et **Cléopâtre** qui ne nourrit pas de serpent familier dans son sein.

C'est aussi **Léa, Rose Pompon**, la très joyeuse et très gentille **Sans-Gêne**, et l'exquise petite Japonaise Cha-Hu-Hao, un nom qui la prédestinait à prendre rang parmi les étoiles du « Chahut » !

Mentionnons encore parmi les célébrités du « grand écart » appréciées jusqu'au fond de nos provinces, la belle **Cascadeuse** qui mérite évidemment son nom ; la **Torpille, Fauvette, Irené** et **Jeanne Beaunichons**.

Autrefois, des petits ânes tunisiens galopaient dans les allées, emportant ces dames dans une course folle, ce qui était pour elles un nouveau prétexte à montrer jusqu'au-dessus de la jarretière leurs jambes d'une rondeur plus ou moins authentique.

Les ânes ont disparu, mais l'**éléphant** est resté : un éléphant gigantesque, qui ressemble à une maison à deux étages, un éléphant qui rappelle le cheval de Troie, et qui porte dans son ventre des musiciens et des almées habiles aux contorsions

La Belle Saïda.

de la danse du ventre. Cela s'appelle le « **Concert tunisien** ».

Ces almées sont vraisemblablement nées sous les pommiers de la Butte, dans les petits clos qui entourent le Sacré-Cœur. La **Belle Saïda** n'a jamais dansé que devant les sultans et les pachas parisiens; sa danse n'en est pas moins d'une volupté étrange et barbare.

En hiver, le Concert tunisien se transporte dans une dépendance du hall, dans une petite oasis de la grande Salle. (**Entrée 0 fr. 50 ou 1 fr.**)

Le Moulin de la Galette
79, rue Lepic

**Entrée : Cavaliers, 1 fr. 50 ; Dames, 0 fr. 25
Grande Kermesse
Dimanches et Fêtes de 3 heures à minuit**

Tout en haut de la rue Lepic, au sommet de la Butte, perché comme un vrai moulin, un *moulin de plaisir* dont les ailes ne tournent plus depuis longtemps, mais

Un avant-deux au Moulin de la Galette.

par dessus lesquelles bien des petites femmes ont déjà jeté leur bonnet — un moulin où l'on danse, et qui a sa place dans l'histoire du « chahut » et du « grand écart », car c'est là qu'ont débuté successivement la Goulue, Grille d'Égout et la Môme Fromage.

Après avoir gravi un escalier rustique flanqué de

rocaille, on arrive sur le terre-plein, dans une vaste salle oblongue, lumineuse, avec une galerie défendue par une balustrade, où les consommateurs sont à l'abri des remous de la danse. Au fond, l'orchestre. En été, dans le décor champêtre du grand jardin d'où l'on découvre tout l'horizon parisien, a lieu une *joyeuse kermesse*, le dimanche après-midi, où l'on trouve un public joyeux, mais simple et tranquille, où l'on voit même de petites ouvrières de Montmartre et des Batignolles, encore sages, au bras de leur maman. On se promène dans les allées, on cause, on consomme sous les tonnelles et dans les bosquets, et l'on déguste le vin muscat et la galette bien chaude.

Mais le lundi soir, c'est un public tout différent, beaucoup plus tapageur, et auquel il faut les accents frénétiques de la **polka « des chauffeurs »**, c'est le monde des « rapins » et des « bohèmes » de la Butte et d'ailleurs ; ce sont des petites femmes plus hardies, déjà presque lancées, qui ayant pris goût à la très providentielle « galette » du Moulin, viennent demander parfois à la noce ce qu'elles sont lasses de se procurer par le travail.

LE DIVAN JAPONAIS

75, RUE DES MARTYRS
Dimanches et Fêtes, Matinées

Commère de Revue.

Tout d'abord « beuglant » de bas étage, le divan Japonais ne dut sa fortune qu'à *Yvette Guilbert*, qui, encore inconnue s'y révéla, un beau jour, et du même coup révéla aussi *Xanrof*. Depuis, le *divan Japonais* s'est rendu digne de l'éloge de Sarcey lui-même, qui l'a appelé « le Théâtre-Français de la chanson ».

Aujourd'hui le divan Japonais est à la fois théâtre et concert. On y chante les meilleures œuvres des chansonniers contemporains, on y joue des revues « *sensuelles* », des scènes dramatiques de *V. Hugo*, de *Coppée* et de ... *Habrekorn*, l'auteur de « *Je t'aurai toute* », « *Ta peau* », « *J'ai bu à tes lèvres* », « *J'ai saoulé mon cœur* », etc.

LA CIGALE

122, BOULEVARD ROCHECHOUART

Fondée par Nunès. Décorée par Willette.

Quelques chansons, mais surtout de pimpantes et *galantes revues*, des piécettes d'une grivoiserie toute montmartroise. Beaucoup de vogue et un succès tout parisien.

A voir, — pour voir jusqu'où peut aller, malgré M. Bérenger, la licence sur un petit théâtre parisien.

Les dames feront bien de se munir d'éventails.

La Cigale.

LE CABARET DU CIEL

53, BOULEVARD DE CLICHY
Tous les Soirs à 9 h. 1/2

La porte s'ouvre, toute lumineuse, toute blanche, décorée d'un ange colossal en plâtre. Un Suisse

Salle du céleste banquet.

vous introduit sous les voûtes d'une cathédrale gothique où résonnent tantôt des accords de piano, tantôt des sons d'orgues. Des séraphins en perruque blonde et frisée, couronnée de roses, des ailes légères accrochées au dos, les jambes dans des maillots roses et les pieds dans des espadrilles, vous invitent à vous asseoir au « banquet céleste », -- longue table où l'on vous sert la « coupe sacrée », le « *calice divin* », le « nectar », l' « ambroisie des dieux » sous forme de bock (1 franc), de sirops ou de cerises à l'eau-de-vie (1 fr. 50).

Le *Père Onésime*, en justaucorps de velours, le goupillon à la main, remplit les fonctions de bedeau. C'est lui qui sonne la cloche de bois (Joséphine), qui interrompt d'irrévérencieuses facéties le prêche du père prieur ; qui promène l'idole du Veau d'or (le dieu Porcus), et qui exhorte les fidèles à se prosterner aux pieds du Cochon dressé comme sur un autel, au fond de l'église.

Après diverses cérémonies burlesques, les « fidèles » qui « ont purifié leur âme », sont admis à assister aux *visions célestes* : houris, bayadères, almées, et enfin à monter au Ciel.

Le Ciel est au *second étage*.

Saint Pierre, représenté par un robuste mulâtre armé d'une longue clef, ouvre la marche des élus, et un sergent de ville, un ange,... gardien de la paix, ferment la procession. On pénètre dans une vaste grotte à la voûte dorée de laquelle pendent mille stalactites d'or. Des anges vous apparaissent suspendus dans l'espace. Des transformations inattendues et charmantes se produisent sous vos yeux. On se croirait vraiment transporté loin de cette triste terre, dans des régions éthérées et sereines, où toutes les femmes sont des anges.

LE CABARET DE L'ENFER

53, BOULEVARD DE CLICHY

Entrée libre (0 fr. 65 le bock)

A côté du Ciel éclairé de ses électriques étoiles, à côté du Ciel à la façade blanche et bleue, — l'Enfer, tout noir et tout rouge, dont la porte est figurée par la gueule d'un diable qui vous avale d'un trait. Ses yeux verts, ses dents énormes sont terrifiants : « Entrez, *chers damnés!* » vous dit le portier de l'Enfer, tout vêtu de rouge. Et des diables vous accueillent sur le seuil : « **Avancez, belles impures, asseyez-vous, charmantes pécheresses, vous serez flambées d'un côté comme de l'autre** ».

Les tables sont éclairées de feux rouges ou verts ; et

L'entrée de l'Enfer.

tout autour de vous, devant, derrière, au-dessus de votre tête, des damnés dansent une ronde infernale.

A droite, dans une grande marmite, deux damnés mijotent « depuis trois mille ans », et pour oublier leurs souffrances, ils jouent des airs de guitare et de mandoline.

En échange du prix de votre bock vous recevez ce ticket :

BON POUR PASSER
à la Chaudière

Les « chers damnés » passent dans « l'antre de Satan ». La salle est plongée dans d'épaisses ténèbres. Sur la petite scène éclairée : tableaux vivants, transformations et visions d'autant plus charmantes qu'elles sont plus infernales. Un spectateur est invité à monter sur l'estrade. Il s'assied et le public le voit, — sans qu'il se doute de quoi que ce soit, — déshabiller une femme ! C'est là la besogne des damnés. Malgré cela, l'Enfer ne vaut pas le Ciel.

LE CABARET DU "NÉANT"

34, BOULEVARD DE CLICHY

Encore une des attractions originales de Montmartre ! une attraction macabre, d'un lugubre à faire frémir, et qui vous donne la salutaire pensée de la Mort. On devrait

La salle du cabaret.

venir de temps en temps ici pour s'habituer à mourir. Le cabaret du Néant serait une œuvre moralisatrice sans les lazzis et les gouailleries du public parisien qui s'amuse énormément au milieu des cercueils et des squelettes.

On est reçu par des croquemorts. Les consommateurs appelés « *asticots de cercueil* » s'attablent devant des *bières*, sur lesquelles on sert les consommations : « Voici les microbes de la mort, buvez-les avec résignation. » Le lustre est fait avec un *crâne* et des *tibias*. Une tête de mort et un hideux squelette pendent au plafond.

On vous distribue de petits cierges, et l'on passe dans la salle de l'incinération ; plus loin une spectatrice ou un spectateur est prié de se laisser mettre en bière : et, graduellement on voit les chairs se décomposer, le squelette apparaître, l'œuvre du néant s'accomplir.

On passe dans une autre salle où se continuent des visions et des transformations un peu moins lugubres. Si la dame qui est priée de bien vouloir monter sur l'estrade se refuse à se déshabiller — on la déshabille quand même par une ingénieuse combinaison de jeux de miroirs. Elle ne voit rien et ne se doute de rien. L'image reflétée n'est pas visible à ses yeux.

On sort par un sombre couloir, aux accents funèbres du *Miserere*.

En Angleterre, pendant la semaine sainte, le spectacle qu'on voit au « cabaret du Néant » a été offert aux fidèles, après le prêche, dans certaines églises.

LE CABARET BRUYANT

73, RUE PIGALLE

Ouvert de 9 h. du soir à 2 h. du matin. 0 fr. 75 le bock

CRÉÉ par Alexandre, qui chanta dans les rues et les cours de Paris, avec Eugénie Buffet, au profit des blessés de Madagascar. Alexandre est un élève de Bruant, dont il porte le costume : veston et pantalon de velours noir, chemise de flanelle rouge.

On est accueilli chez Alexandre par les mêmes « engueulades », que chez Bruant.

Quand la porte verrouillée s'ouvre, on entend un son de cloche fêlée, et Alexandre, avec toute la salle, salue ceux qui entrent du refrain célèbre : « *Oh ! la ! la ! c'te tête ! c'te binette ! oh ! la ! la ! c'te gueule qu'il a !* »

Le monsieur ou la dame qu'on apostrophe de la sorte, fait en effet une singulière « binette ». Si c'est un monsieur âgé avec son fils, Alexandre l'annonce : « Un maquereau et son petit ! » Si ce sont des dames qui ne sont

Chez Alexandre.

plus de la première fraîcheur, il les désigne : « Voyez-vous les pucelles ! ». Annonçant deux messieurs imberbes, à l'air de « larbins », entrant avec une dame, Alexandre dit : « J'ai l'honneur de vous présenter deux cochers de fiacre avec leur jument. » Si vous parlez, Alexandre vous apostrophe : « Tais-toi, salaud ! » On s'assied sur des tabourets de paille ou sur une simple planche, en face d'une autre planche, qui sert de table. Il y a une « *loge présidentielle* », dans laquelle un tambour s'acharne sur sa peau d'âne. L'unique garçon est coiffé d'une casquette à trois ponts en carton. Des chanteuses, aux cheveux ébouriffés, l'une blonde, l'autre brune, débitent d'une voix plus que bruyante des couplets sur les filles, sur Saint-Lazare, — toute la gamme des *chansons réalistes, naturalistes* ou *voyoucrates* de la Butte.

C'est aussi une sorte de *Musée d'horreurs*. On y voit la porte des cellules des condamnés à mort : Géomay, Pranzini, et de l'anarchiste Henry ; un lit de la Roquette, etc. achetés par Alexandre, lors de la récente vente du mobilier de la prison. Au mur de g. une *Tentation de Saint-Antoine*, offerte au poète-chansonnier par François, enfermé à Bicêtre pour avoir tenté de tuer, en 1894, le président Carnot. Au pilier du milieu est suspendu un pot de chambre avec cette inscription : « Bénitier fin de siècle ». Aux murs, des proclamations de Trochu, des souvenirs politiques, et aussi un Puvis de Chavannes vu par derrière...

Alexandre a une voix de stentor ; il est gras et frais comme un moine de Thélème. Tous les matins, à 2 heures, il repart avec sa voiture pour la campagne. Il ne rentre à Paris qu'à 9 heures du soir.

Alexandre a des chevaux à lui, et ses chansons et ses engueulades lui donnent des laquais et des équipages.

CABARET BRUANT (Ancien Mirliton).

84, BOULEVARD ROCHECHOUART

Bock, 0 fr. 65

Le chansonnier populaire, le descendant de Villon, le poète cynique et cependant plein de pitié, qui a composé : *A St-Lazare ; à la Villette ; à Biribi ; à la Glacière*, vit aujourd'hui bien renté, dans un château des environs de Paris. Il a laissé au cabaret qui porte son nom, qui fit sa gloire et sa fortune, deux successeurs, les chanteurs *Raphaël* et *André*, à qui il a aussi légué son costume : le grand feutre mou, le pantalon de velours à côtes que complète un gilet à revers, une veste de chasse à boutons de cuivre, et une ceinture rouge, — mais il n'a pu leur léguer sa verve mordante, ses mots cruels ; et Raphaël et André ne font que répéter et qu'imiter le « maître ».

Il faut frapper pour entrer chez Bruant. La porte s'ouvre, vous êtes reçu comme un importun, comme un fâcheux qu'on voudrait voir au diable. Et toute la salle vous accueille par le refrain traditionnel :

> Holà... là ! Ah ! c'te gueule, c'te binette !
> Holà... là ! Ah ! c'te gueule qu'il a !

Et les timides s'en vont occuper, tout penauds, la place désignée par un très gracieux : « F...-toi aux fauteuils d'orchestre... »

Le cabaret Bruant.

Après chaque production, le chanteur armé d'une tire-lire, passe dans les rangs en disant : « *Voyez galette !* » ce qui signifie qu'il faut « casquer » de temps en temps. Debout sur un tabouret, des filles chantent ; puis Raphaël vous annonce qu' « on va vous f... un peu de littérature ». Et, allant et venant dans la salle, en se dandinant, comme Bruant, il redit quelques chansons célèbres du maître, ou quelque monologue fleuri de l'argot de la haute pègre.

A la sortie, même refrain qu'à l'entrée, avec cette variante :

> Tous ceux qui s'en vont
> Sont des cochons, etc...

Le cabaret Bruant s'ouvre à 9 heures. Il ne désemplit pas jusqu'à 1 heure du matin. Il y a tant d'honnêtes gens et d'honnêtes femmes qui éprouvent une sensation délicieuse à se voir, au moins une fois en leur vie, traités en voyous!

LES " QUAT-Z-ARTS "

62, BOULEVARD DE CLICHY
Entrée, 1 fr. 50

Ce cabaret végéta tout d'abord sous les noms successifs du « Tambourin » et de la « Butte » et même, pendant longtemps encore sous son nom actuel, jusqu'au jour où le chansonnier Trombert en prit la direction.

Dès lors, les « Quat-z-Arts » devinrent un des centres les plus actifs de l'esprit montmartrois, avec Paul Delmet, G. Tiercy, Fragson, Xavier Privas, Trimouillat, Marcel Legay, etc...

C'est aux « Quat-z-Arts », que sont nées des chansons et les monologues à gros succès, comme la *Ballade des Agents*, la *Paimpolaise*, de Botrel, les *Soliloques du Pauvre*, de Jehan Rictus.

C'est aux « Quat-z-Arts » que la jeune peinture tient ses réunions et organise ces fêtes aussi bizarres qu'amusantes, comme la « *vachalcade* ». C'est aux « Quat-z-Arts » que naissent les idées les plus drôlatiques et que l'on rencontre les types

Chansonnière.

les plus excentriques; mais on y trouve aussi de fins esprits, et nos critiques les plus influents ne dédaignent pas, *à l'heure de l'apéritif* (de quatre à sept), de se mêler aux jeunes et bruyants poètes et chansonniers montmartrois.

LE CABARET DES ARTS

36, BOULEVARD DE CLICHY
Entrée, 2 fr.

Fondé en 1898 par 5 chansonniers montmartrois : Xavier Privas, Varney, Sécot, Baltha et Numa-Blès. Est l'un des plus indépendants, des plus audacieux, des plus libres de Montmartre. On y chante tous les soirs des *chansons d'actualités* très mordantes et très libres, et l'on y joue des revues « rosses ».

C'est avant tout la maison de Xavier Privas, le « Prince » actuel de la chanson, l'auteur des « *Thuriféraires* » et d'une série de chansons qui forment une anthologie de petits chefs-d'œuvre. Mais c'est aussi celle de Varney, dont les œuvres sont pleines de verve et d'humour; de Bonnaud, le chansonnier acerbe de tous les événements contemporains, depuis « *l'expulsion d'Otéro* » jusqu'à « *l'histoire d'un grand complot* ».

On y applaudit aussi M. Louis Auguin et Mlle Odette Mongars dans leur répertoire et dans les revues.

Une « Monologueuse ».

LE TRÉTEAU DE TABARIN

58, RUE PIGALLE

Fauteuils, 5 fr.; Loges, 25 fr.

Fondé par Fursy, qui lui donna ce nom pour rappeler les fameux tréteaux du Pont-Neuf, où Tabarin interpréta le premier la saynète satirique, la facétie mordante et bouffonne, dont Fursy a retrouvé la verve cinglante, dans ses « chansons rosses ». Dirigé aujourd'hui par M. Ropiquet, le « Tréteau », réunit tout un groupe de chansonniers impitoyables, comme J. Ferny, Dominique Bonnaud, Montoya, l'humoriste Burtey, Jules Moy, l'auteur d'une pièce « tordante » : *La vache d'Orphée*.

Aux piécettes et aux revues « rosses » vient s'ajouter la féerie, « tout aussi rosse », — le badinage cruel et libertin, mais si original, si spirituel, que personne n'ose s'en offusquer. — Public très « chic ».

L'ALOUETTE

88, BOULEVARD ROCHECHOUART

De 9 h. du soir à 1 h. du matin. Bock, 1 fr. 50

C'était le cabaret de Marcel Legay, qui, lui aussi, avait voulu se mettre dans ses meubles et avoir sa « boîte ». Marcel Legay est une sorte de Tyrtée. De taille moyenne, d'allure bizarre, la barbe rare, les cheveux longs, flottants au vent autour du crâne nu, les yeux abrités par un binocle dont le ruban fait songer au feu prince de Sagan, l'air d'un barde chevelu, un chapeau à bords plats, légèrement incliné en arrière, une redingote à la Napoléon ou à la Déroulède, des pantalons à la hussarde, tel est Marcel Legay décrit par H. Valbel.

Marcel Legay est le chansonnier, le musicien connu à Montmartre. Il chante maintenant au Tréteau de Tabarin.

Ses parents voulaient en faire un tonnelier, mais il entra au Conservatoire de Lille, et après avoir passé par le théâtre du Havre, Marcel Legay vint à Montmartre, où il fut un des créateurs du premier Chat Noir. Il obtint un succès prodigieux avec son *Heure du rendez-vous*, sa *Légende du petit soldat de plomb*, et la musique qu'il fit pour le *Semeur*, de J.-B. Clément.

LE CONSERVATOIRE DE MONTMARTRE

108, BOULEVARD ROCHECHOUART
Bock, 0 fr. 40

Dans une salle aux voûtes gothiques décorée de drapeaux et d'oriflammes, rappellent les anciennes abbayes moyennageuses, un musicien est assis devant un piano, tandis que derrière lui, debout sur un banc, chante une chanteuse Montmartroise.

Tout se passe ici en famille : le public reprend les refrains en chœur, et les accompagne en frappant avec tout ce qu'il a sous la main, les bocks, les soucoupes, les cannes ; c'est souvent un *chahut infernal*.

Le seigneur cabaretier du lieu est également costumé à la Bruant.

Collection unique du peintre Georges Redon, représentant toutes les célébrités montmartroises, peintres, sculpteurs, poëtes, chansonniers.

Une élève du Conservatoire de Montmartre.

Au fond de la pièce, le dessinateur Henri Col a installé un théâtre d'ombres qui rappelle le fameux théâtre de feu le Chat Noir.

LA COTE D'AZUR

75, BOULEVARD DE CLICHY

Apéritif-Concert de 4 à 6 h. : **50 c.**, consommation comprise.
Le Soir, de 8 1/2 à minuit : **60 c.**, consommation comprise.

Un beuglant « smart », dans un cadre d'azur et d'or. Résurrection du vieux café-concert, avec ses chansonniers comiques, tantôt en habit noir, tantôt en veste de pioupiou, et ses divas à la longue robe de velours, ou au corsage aussi décolleté que les jambes. On y entend les chansons à la mode, depuis la vieille romance sentimentale jusqu'à la dernière chanson « rosse ».

Un vaudeville termine la soirée. Bon petit public. Excellente bière.

LA GAITÉ ROCHECHOUART

15, BOULEVARD ROCHECHOUART

Tous les soirs à 8 h. 1/2. — Dimanche, Matinée à 2 h.

Divette à sa toilette.

Salle basse, enfumée, noire, sans gaîté — la gaieté est seule dans le titre. — Public de quartier : la plupart des femmes en taille et en cheveux, les hommes en casquette. Concert vieux genre, avec cependant quelques scènes amusantes.

De temps à autre, la Gaîté-Rochechouart se métamorphose, et monte un de ces « clous » sensationnels, revue ou opérette, qui fait courir le « Tout-Paris » élégant. On voit alors les équipages se presser à sa porte, et le public ordinaire disparaît pour faire place à de « belles et honnestes dames » d'allures non équivoques et ayant toujours le cœur sur la main.

GRAND CONCERT EUROPÉEN

5, RUE BIOT *(Place Clichy)*
*Prix : Stalles, 3 fr.; Fauteuils, 2 fr. ;
Galeries, 1 fr.*

Fort joli concert de quartier, qui sort de la banalité ordinaire des établissements de ce genre. Sur la scène, décors pimpants, frais costumes et frais minois.

On y joue des revues, des vaudevilles, des comédies, des opérettes ; les revues sont un charmant prétexte à faire passer en revue, sous les yeux des spectateurs, tout un bataillon de jolies femmes.

Attractions lumineuses. Salle très gaie, public bourgeois, demi-mondain et ouvrier.

Mlle Lise Fleuron.

LE CARILLON

43, RUE DE LA TOUR D'AUVERGNE
Fauteuils, 3 fr.

Fondé en 1893 par le chansonnier G. Tiercy.

Une Scène des tribunaux comiques au Carillon.

Le « Carillon » est très bien aménagé. Il possède, au rez-de-chaussée, une salle pour la chanson, « la goguette »; au premier étage, une coquette petite salle de spectacle: en outre il y a un jardin et un pavillon de style oriental pour les représentations d'été.

Et du haut en bas de l'établissement, c'est partout le carillon, *le joyeux carillon du rire* qui sonne, surtout quand on y joue quelque piècette de Courteline, qui a installé là ses « tribunaux comiques », parodie pleine de verve, d'entrain et d'ironie moderne à l'adresse de la magistrature.

L' "ANE ROUGE"

28, AVENUE TRUDAINE

Entrée gratuite. — *Bock, o fr. 3o.*

Anciennement « la Grande Pinte », nom sous lequel il fut déjà célèbre. Une des premières tentatives montmartroises de cabaret artistique. A la « Grande Pinte », se rencontraient le caricaturiste André Gill, les poètes Paul Arène et Verlaine qui y donna des conférences. Le nom actuel lui a été donné par Salis le jeune, sur l'inspiration de Willette, qui avait représenté son frère, le fameux créateur du « Chat noir », sous les traits d'un âne rouge.

Willette s'est chargé de la décoration de l'établissement, qui s'est ainsi transformé en une véritable galerie de petits chefs-d'œuvre, parmi lesquels, une de ses premières toiles : la *Fédérée de la rue du Tertre*.

Lorsque des chansonniers comme Paul Delmet, Xavier Privas, Montoya, interprètes de leurs propres œuvres, ont soulevé dans la salle de frénétiques applaudissements, Salis, agitant une énorme sonnette pour rétablir le silence, débite à son tour des chansons anciennes.

AUBERGE DU CLOU

24, AVENUE TRUDAINE

Bock, o fr, 40 ; Demi, o fr. 5o

Très à part des autres établissements artistiques de Montmartre. — On y chante rarement. C'est une auberge silencieuse, ressemblant à une véritable auberge de campagne, avec la haute cheminée où la marmite est pendue à la crémaillère, avec les solives peintes du plafond, les moos en grès, les vieux étains. — Les artistes de Montmartre, peintres, sculpteurs, poètes, se rassemblent là le soir et devisent entre eux gravement. — L'auberge du Clou est un *véritable musée d'art* montmartrois. Dans le sous-sol, peintures murales de Willette

La Terrasse de l'Auberge du Clou.

représentant les différents avatars de la fille publique, depuis le jour où elle trouve son premier « monsieur », jusqu'à celui où elle devient marchande de poisson. — Au 1er étage, une peinture de Willette représente : Salis, le poilu directeur du Chat Noir, égorgeant les jeunes poètes de Montmartre : le sang coule, et du ruisseau qu'il forme naît la rose rouge de la poésie. Sur une porte, délicieux panneaux de Willette : des bébés au maillot, suspendus comme à la campagne, et braillant de toute leur âme.

Dans la cour, derrière l'auberge, un petit musée (ouvert de 1 h. à 5 h.), renferme des pièces très curieuses, aquarelles, dessins de Willette ; peintures de Verla, le peintre animalier ; de vieux Chine et vieux Saxe, des meubles en bois de rose, des fragments de statuettes provenant de l'ancien Opéra-Comique, et de petites fantaisies grivoises sur étain et sur ivoire, représentant des scènes excessivement libres.

GAITÉ CAULAINCOURT

87, RUE CAULAINCOURT
*Dim. et Fêtes, Matinée Apéritif-Concert de 3 à 7 h.
Bock, 0 fr. 40.*

Grande salle, occupant l'unique étage du cabaret. Un cabaret-concert d'amateurs, où l'on pianote, où l'on chante, où Botrel, Meusy, Jacques Ferny se montrent parfois pour interpréter leur répertoire. Théâtre d'ombres chinoises. Public très mélangé, rapins, bohêmes et gigolettes.

L'ABREUVOIR

14, RUE DE L'ABREUVOIR
Entrée gratuite.

Au coin de cette rue de village, dévalant du Sacré-Cœur en un ruban cailloûteux, au fond d'une cour, une sorte de bâtiment de ferme ; les murs, crépis à la chaux, portent les emblêmes de la peinture : palette, couleurs et pinceaux, grossièrement ébauchés dans des tons crus. C'est la maison de la mère Fargue, refuge de la bohême montmartroise, rapins, écrivassiers, purotins intellectuels et autres.

LE LAPIN AGIL'

4, RUE DES SAULES *(A l'angle de la rue St-Vincent)*
*Concert les Samedi, Dimanche et Lundi
Bock, 0 fr. 30. Café, 0 fr. 40.*

Dans un coin solitaire et pittoresque de Montmartre, un coin aux rues montueuses, étroites et sans pavage, éclairées encore par des réverbères à l'huile, bordées de murs lépreux, au tournant desquels on a des échappées de panorama sur Paris. Ce cabaret s'appelait autrefois : « *les Assassins* », nom qui allait avec l'aspect sinistre de ce coin de la butte. Aujourd'hui, c'est : « Le Lapin agil' » (sic), parce qu'on y fait sauter joyeusement le lapin en civet.

Avec ses tables de bois blanc à l'ombre des grands arbres, ses tonnelles, sa vaste salle basse aux panneaux enluminés par les rapins de la butte, et où le piano mugit comme une vache à l'étable, il rappelle parfaitement les guinguettes de l'ancienne barrière.

On y chante tout le Répertoire montmartrois et bohême, chansons de gigolettes, dites par des gigolettes, et de gigolos dites par des gigolos.

FOLIES PARISIENNES

25, RUE FONTAINE

C'est le nom sous lequel ressuscitent feu les Funambules.

Un cabaret où l'on *chante* et où l'on boit, — où l'on chante l'amour de Montmartre, l'amour libre de la *Louise* de Charpentier, et où l'on boit la bière blonde et brune qui ne vient pas toujours de Munich.

LA BOITE A FURSY

12, RUE VICTOR MASSÉ

Installée dans l'ancien hôtel du Chat Noir, où trôna Salis, le grand-maître de la Gaîté, le bonimenteur fantastique et étourdissant, le fondateur du Montmartre artistique, l'innovateur génial qui fit de la « Butte » une sorte de sommet sacré, d'Olympe parisien.

Fursy, — de son vrai nom Henry Dreyfus, — fut d'abord comptable. Il commença par écrire des monologues, par composer des chansons : les *Joyeux Fêtards*, *Nos Concierges*, *le Panama*, puis il trouva le succès dans la chanson « rosse ».

L'ancien hôtel du Chat noir était un véritable musée. Toutes les collections, tous les tableaux ont été dispersés à la mort de Salis. La salle des gardes, garnie de panneaux, d'armures Louis XII, ornée de tableaux, a été transformée en triste salle d'auberge de campagne, avec, dans la cour, des tonnelles recouvertes de feuilles de vigne en papier.

LE GOURBI

60, RUE PIGALLE

UNE entrée de cave devant laquelle « aboie » un faiseur de boniments. On descend, un rideau se soulève, et l'on voit, au fond d'un long boyau, sous des palmiers artificiels symbolisant l'Orient, une grosse négresse et deux ou trois malheureux Tunisiens et Algériens de Montmartre. C'est un peu triste. Pour égayer « ces esclaves », il faut leur offrir des consommations. Alors elles exécutent quelque chose d'innommable que leur barnum intitule *la Danse du ventre*.

Une odalisque du Gourbi.

Les Bals publics

Parmi les établissements parisiens où l'on danse, il n'y en a qu'un petit nombre qui puissent réellement mériter le nom de **Bals populaires** où l'on soit à même d'étudier le vrai peuple de Paris. Car le fla-fla tapageur de la cocotte moderne, la vanité et la morgue insipides du « calicot » et de l'employé à 1,500 fr., ont enlevé leur vrai caractère à ces bals qui comme *Bullier* et *Tivoli* étaient autrefois fréquentés par une originale et vraiment amusante population d'étudiants et de grisettes.

La Grisette de Mürger, de Paul de Kock, a disparu, et *Bullier* n'est plus guère un bal populaire que le dimanche.

Une " chahuteuse "...

Le *Moulin Rouge* (*voyez Montmartre*), est un lieu très « sélect », fréquenté par des viveurs et des artistes.

Au *Moulin de la Galette* (*v. Montmartre*) on rencontre encore, le **dimanche après-midi**, les petites ouvrières et les modistes, comme on trouve les bonnes et les femmes de chambre à la *Salle Wagram*.

Et son vis-à-vis.

BULLIER
33, AVENUE DE L'OBSERVATOIRE

**Entrée : Dimanches et samedis, 1 fr.
Jeudi soir, fête de nuit, 2 fr.**

Tout au bout du Boul'Mich', non loin du paisible Observatoire, à côté de la tranchée à ciel ouvert du chemin de fer de Sceaux, la haute porte cintrée de Bullier flamboie dans la nuit, illuminée de globes étincelants et ornée de groupes en relief personnifiant très exactement l'«étudiante» échevelée, aux jambes ailées, et l'« étudiant » *chahuteur* au béret conquérant et aux gestes fous.

Sur le trottoir, en face, sur la chaussée, se presse, — surtout les soirs de fête de nuit, de bal masqué — un public mélangé, curieux et gouailleur, qui guette les descentes de voitures, et apprécie à sa façon, et à haute voix, les atours des belles arrivantes, et la délicatesse de leur profil, et la « tête » de leurs compagnons, etc., etc.

Franchissons le portail, traversons le vestiaire ; un large escalier s'offre à nous qui descend vers le *Bal*.

Femme du "quartier".

Du haut des marches le premier coup d'œil est vraiment un peu effarant sur cette foule bariolée et bruyante, grouillante et criante, courante et dansante d'où monte un bruissement de mer mélangé à de chaudes effluves et à une buée poussiéreuse, que déchirent les éclats de cuivre d'un orchestre endiablé... On se rappelle Orphée descendant aux Enfers... et certes, si la fournaise manque ici de flammes et de chaudières, ce ne sont pas les gentils démons qui lui font défaut, non plus que les Eurydices très consolables, toutes prêtes à se laisser emmener sans résistance par le premier Orphée venu — pourvu qu'il possède le fameux « *rameau d'or* » !

Nous voici au milieu de la salle, un peu basse, où des colonnes rectangulaires rejointes par des arceaux porteurs de globes dessinent des allées à jours ; à gauche, non loin du buste vénérable de *Bullier*, le fondateur du bal, l'orchestre, avec une rare furia disciplinée par le célèbre maestro Conor, déchaîne des rythmes à réveiller les morts, que souvent, *tout le public accompagne en chœur*; autour du hall, sur trois côtés, court une estrade ornée d'ogives aux vagues arabesques et garnie de tables où s'empilent les soucoupes, devant les buveuses et les buveurs, altérés par l'atmosphère surchauffée...

Mais délaissant le tir au Flobert et le billard américain, c'est surtout vers le jardin que les flâneurs portent leurs pas.

Plus vaste que la salle elle-même, la prolongeant à droite sur toute sa hauteur, le *Jardin* s'ouvre, plein de fraîcheur et de mystère, tel un bocage élyséen hanté par les bienheureux...

Cycliste de Bullier.

Sous l'ombre aérée d'antiques marronniers, dont les feuilles éclairées en-dessous par de hauts lampadères prennent des tons de décors, se pressent, à des tables centrales, de jolies filles aux toilettes claires et de joyeux jeunes hommes pleins d'entrain... Dans les allées, à pas lents, d'autres groupes circulent, calmes ou bruyants, échangeant au passage des saluts ou des sourires, des lazzis ou des appels... Bras dessus bras dessous, des groupes de jeunes femmes causent et se croisent en riant comme des folles, bousculant tout le monde, heureuses d'être gaies et d'être jolies...

En retrait de l'allée circulaire, s'ouvrent de petits bosquets de verdure faiblement éclairés où l'on distingue des couples attablés, qui se reposent d'avoir trop dansé, ou qui s'isolent du tourbillon de la foule pour se dire des paroles très douces — ou bien des paroles très aigres... témoin ces cris aigus de dispute qui s'élèvent soudain dans un coin et s'exaspèrent dans un bruit de verre cassé..., les inspecteurs se précipitent pour séparer les combattants — ou plutôt les combattantes, car les batailles de femmes sont fréquentes — et les deux **poulettes** en colère vont chacune se recoiffer de leur côté, tandis que le *coq* objet du litige, prend une contenance digne devant les regards moqueurs braqués sur lui ; d'autres fois, le combat commencé se termine par une expulsion générale, et la querelle, qui s'envenimera encore au cours de la soirée grâce aux « bonnes amies » se videra enfin vers deux heures du matin, dans quelque brasserie du quartier, par « un crêpage de chignon » en règle !

Cependant, dans la salle où le public pénètre, toujours les danseurs s'invitent, et se pressent et se bousculent, de plus en plus nombreux, de plus en plus acharnés. Un cercle se forme dans un coin, autour de deux femmes en cyclistes qui valsent éperdument, les yeux dans les yeux avec un enlacement souple ; plus loin, une « gosse » à l'air canaille, la jupe levée très haut sur le mollet nu au-dessus de la chaussette noire, tournoie sur elle-même en chantant, et lance des œillades et des bourrades à quelques messieurs « un peu mûrs » qui la regardent.

En somme, ce sont des valses, des polkas, des mazurkas, qu'on demande ; — le vieux quadrille, le classique « *chahut* », est actuellement presque mort à *Bullier* ; de temps en temps, quelque rapin en goguette exécute bien encore une ou deux vagues « ailes de pigeon » mais c'est presqu'un événement. C'est à peine si, à chaque soirée, quelques couples d'allure louche gagnent un maigre cachet en levant la jambe sans entrain ; il n'y a pas à dire, le « chahut » s'est actuellement réfugié sur la Butte, et c'est au *Moulin-Rouge* qu'il fleurit pleinement.

Signe des temps ! L'étudiant ne veut plus paraître « étudiant » ; il veut être un « Monsieur » chic et il rougirait de se donner en spectacle à la foule, même vis-à-vis les dessous affriolants d'une jolie « chahuteuse » qui lui sourit.

Et cependant, le **Jeudi**, ce sont les étudiants qui dominent à *Bullier* ; le *Jeudi*, c'est le **jour chic**, le jour où les « anciennes » du Quartier qui ont « fait leur position » et qui habitent la rive droite, ne dédaignent pas de passer l'eau pour revoir le décor qui vit leurs premiers ... faux-pas.

Le *Jeudi, c'est le jour où l'on se rencontre*, car *Bullier*, c'est « le dernier salon où l'on cause » comme dit l'interne M..., un des piliers de l'établissement ; c'est le jour où l'étudiant en « ménage » vient danser avec sa belle, où l'étudiant studieux vient entendre un peu de musique et bavarder avec les amis et amies qu'il n'a pas vus depuis une semaine...

C'est le jour aussi où les « types chic » de la rive droite viennent s'amuser et « *vadrouiller* » au Quartier.

Le **Samedi** et le **Dimanche**, le *public est* **plus mélangé** : un œil un peu observateur reconnaîtra vite le « calicot » en rupture de comptoir, le garçon épicier encore parfumé de cannelle et surtout la femme de chambre et la cuisinière, aux airs prétentieux et aux mains trop rouges, qui regardent de très haut la petite ouvrière timide qui voudrait tant danser, — et qui se sauve quand on veut l'inviter ! L'infirmière laïque des hôpitaux voisins (et il y en a !) est également une habituée de Bullier... elle y retrouve les jeunes étudiants de son service... et aussi ses malades, quelquefois !...

Le *Samedi* et le *Dimanche, les femmes chic du quartier ne fréquentent guère Bullier ;* c'est à peine si elles y font une apparition au moment de la sortie.

C'est donc le **Jeudi** de préférence qu'on pourra rencontrer toutes ces beautés faciles, professionnelles ou désœuvrées, ouvrières ou modèles, femmes entretenues ou femmes à entretenir ... pour une soirée ou pour... plus longtemps.

Voyez **Manon** la brune, presque toujours en velours noir ; **Dinah**, la Juive au corsage orné de sequins ; la blonde **Lisette**, à la poitrine opulente ; et **Bec de Gaz**, ainsi nommée parce que sa taille lui permet presque de *les* souffler en passant ; **Berthe « la Vadrouille »**, ainsi nommée parce que... devinez... ; la majestueuse **Louise**, très documentée sur les hôpitaux et les internes ; dans le coin des modèles, admirons la svelte et fine **Esmeralda**, brune comme une Italienne et hiératique comme une Egyptienne des Pharaons, le modèle favori du peintre Merson et du sculpteur Ferrary ; **Thérèse**, au corps divin, la blonde amie d'un de nos joyeux poètes ; la rondelette **Nini**, à l'air gavroche et bon enfant, et son inséparable **Blanche**, coiffée en aile de corbeau ; enfin voici encore la « **Femme Sauvage** », prompte aux attaques de nerfs ; le **Vésuve**, dont le feu, jadis célèbre, commence à baisser ; la petite **Lili**, aux cheveux courts de petit garçon, et **Maria** aux yeux étranges de sphinx, qui, on le répète tout bas, ne peut embrasser sans mordre ! Et des **Berthe**, et des **Jeanne** et des **Marie** innombrables aux surnoms difficiles à écrire... mais aux mœurs plus faciles à deviner !

La Salle Wagram
39 bis, AVENUE WAGRAM.
Entrée : Cavaliers, 1 fr.; Dames. 0 fr. 25

Ressemble assez dans sa disposition générale à Bullier. Même luxe, mais salle plus vaste encore, à peu près carrée, flanquée d'un jardin d'hiver et d'un jardin d'été. On accède à cette salle par une allée en pente, où flamboient les arcs électriques et un long couloir qui contourne le jardin d'été. L'éblouissante lumière, les couleurs tendres que donne l'électricité aux bosquets des jardins, les accords d'un orchestre au-dessus de l'ordinaire, tout y rappelle la poésie nocturne du Moulin-Rouge ou de Bullier, même le public,... mais vu de loin. De près, c'est différent !

Suivant les jours et les heures, le public du bal Wagram change. *Le dimanche*, après midi, c'est le bon public des ouvriers aisés, qui vivent du riche quartier des Champs-Élysées : forgerons, serruriers d'arts, carrossiers, etc.; de ceux des innombrables ateliers des Batignolles, et souvent, le dimanche, a lieu, à la salle Wagram, un bal de corporation (très intéressant à voir).

Mais le soir des mardi, jeudi et dimanche, c'est surtout le bal des domestiques, des « gens de maison ». On y voit alors arriver au bras de leur « bonne amie », ces messieurs, à face glabre, tirés à quatre épingles, heureux d'avoir pu un instant s'échapper de leurs maisons « conséquentes ». Leurs « bonnes amies », *femmes de chambre* ou « *nurse* », cherchent à imiter le « bon genre ». Mais leur toilette leur va comme un tablier à une génisse... Enfin pour compléter l'illusion, ces gens-là ne dansent que les pas « select » les plus renommés dans les salons, polkas ou mazurkas... Le « chahut ? » Ah ! fi donc !...

Et cependant le bal Wagram est inondé de « truqueuses », c'est-à-dire d'an-

Un Flirt à l'As de Pique.

ciennes bonnes qui ont « lâché » le métier pour faire la « noce »,

Après minuit, domestiques et femmes de chambre, s'en vont dans les établissements du voisinage, chez *Demarsey*, avenue des Ternes, ou à l' « *As de Pique* », rue Brey, et là, échauffés et enhardis par la danse, ils s'y livrent à un *flirt* des plus osés.

Tivoli-Vaux-Hall

12, RUE DE LA DOUANE.
Entrée : Cavalier, 1 fr. ; Dames, 0 fr. 50.
Samedis et Dimanches : Matinées.

Situé à la limite du centre de Paris, à deux pas du boulevard, et au pied des faubourgs populeux de l'Est, *Tivoli-Vaux Hall* rassemble dans son vaste hall un peu tous les mondes, et fournira à l'étranger l'une des plus vivantes, des plus gaies études de mœurs populaires.

Le Bal.

Bien qu'on y voit de ci de là, chargées de leurs falbalas criards, les petites cocottes du boulevard, le public ordinaire est composé de modistes du quartier du Temple, d'humbles trottins en cheveux, d'élèves des écoles Turgot et Centrale, de petits employés, d'ouvriers de Belleville et de Ménilmontant, et de soldats venus des casernes voisines du Château-d'Eau.

Si Tivoli n'a ni l'ampleur, ni le charmant décor de

Bullier, il en a toute l'animation, et toute la dépravation. C'est aussi le bal du grand « chahut » et de la folle joie, et les petites femmes n'y sont jamais longtemps seules.

Tivoli, réunissant un peu toutes les catégories de femmes, se trouve divisé en autant de clans d'amour, dans lesquels le danseur novice doit savoir se reconnaître. Au centre, c'est le gros public ouvrier, où l'on a juste ses vingt « ronds » d'entrée, mais les petites tables qui entourent le hall, demeurent le lieu d'élection des cocottes et des petits messieurs.

Le Bal des Mille Colonnes ou " Bal Beuzon "

20 bis RUE DE LA GAITÉ.

Disons tout d'abord que la rue de la Gaîté mérite certes bien son nom. Outre trois salles de spectacle situées les unes à côté des autres, et attirant chacune leur clientèle différente et attitrée, cette rue est peuplée d'un si grand nombre de cafés, de bars, de boutiques, où se confectionnent les crêpes et les gaufres, et d'où s'échappe une odeur suggestive de marrons grillés, que le dimanche elle a plutôt l'air d'une foire. Une foule grouillante déborde des trottoirs trop étroits, on s'entasse dans ces tavernes, où les tables sont si pressées et les buveurs si nombreux, que tout ce qu'elles contiennent, hommes, femmes, enfants, bancs, litres de bière ou de vin semblent entassés pêle-mêle avec autant d'ordre et d'harmonie qu'un tas d'écailles d'huîtres ; et le soir, quand mille lumières s'allument, quand les arcs électriques, disposés de ci, de là, se balancent le long des maisons comme des auvents incandescents, il est impossible que vous ne songiez à quelque Cour des Miracles

Deux amoureux.

moderne ; et, en effet, parmi le flot d'ouvriers endimanchés, de petites modistes, de *jeunes modèles* au regard ingénu, vous rencontrerez le truand très « couleur locale ».

Le *Bal des Mille-Colonnes*, vu la modicité des prix, attire le voyou de l'avenue du Maine et du boulevard de Grenelle ; mais cette fois, c'est le voyou bien mis, qui a quitté la casquette pour le chapeau rond, et la blouse pour la veste, et se mêle ainsi plus aisément à la foule des garçons blanchisseurs, des garçons bouchers et coiffeurs, qui composent la clientèle ordinaire de ce bal.

Le Casino du XIIIe

190, avenue de Choisy.

Entrée : Cavaliers, o fr. 25 ; Dames, o fr. 10

Type du vrai bal populaire, du bal ouvrier. Installé dans les dépendances d'une boutique qui abrite tous les matins le commerce d'une marchande de café au lait et de chocolat. Les murs sont décorés d'une couche de peinture lie de vin sur laquelle se détachent des silhouettes japonaises. Sur cette boutique s'ouvre la salle, assez grande. L'orchestre : contrebasse, violons, pistons est au fond sur une estrade. A gauche, des glaces reflètent les groupes de danseurs ; de l'autre côté sont installées les tables où l'on consomme.

A côté de l'ouvrier décent et de la *petite ouvrière* gentille, qui travaille dans le jour aux usines de l'avenue de Choisy et des environs, et qui vient danser en cheveux et en robe d'indienne, on rencontre le souteneur du quartier des Gobelins et de la Butte-aux-Cailles, coiffé de la casquette plate, assez semblable à la « schapska » russe, — car la casquette plate a remplacé la casquette à trois ponts, — et qui s'en vient flâneur, les mains dans les poches, regardant d'un mauvais œil le « *pante* » (bourgeois), car la « *marmite* » est à son poste, et c'est elle qui a ouvert, l'une des premières, le bal, en attendant le client sérieux.

Le Casino du XIIIe est une souricière, très surveillé par les agents des mœurs.

Le dimanche après-midi, quelques noces ouvrières : les nouveaux mariés, assez semblables, dans leurs habits de cérémonies, aux marionnettes de nos tirs de foire, viennent y consacrer leur hymen à peu de frais : la polka des Anglais a remplacé, il est vrai, la marche nuptiale de Mendelsshon, et ce n'est pas précisément dans la langue de Racine que ces gens se communiquent leurs impressions; mais ils dansent vigoureusement, et ils ne redoutent pas les critiques de la galerie, car la tenue et l'élégance ne sont pas ce qui préoccupe les habitués, dont le costume ordinaire est à peu près invariablement composé de la cotte de lustrine noire et du pantalon de velours à pied d'éléphant.

Le Bal Octobre

46, RUE DE LA MONTAGNE-SAINTE-GENEVIÈVE,

Samedis, Dimanches et Lundis,

INSTALLÉ dans l'arrière-salle d'une boutique de marchand de vin sans apparence. Aux sons des clarinettes et des hautbois, on voit danser là un public étrange, composé de *femmes en cheveux*, et d'autres en chapeau et jupe de soie fripée, et d'hommes en casquette, cotte noire et pantalon de velours. Toute la lyre des souteneurs et des « marmites » ! C'est là leur petit bal de famille. Là, ils viennent pour se divertir, de « la Maube », de la rue Mouffetard, des Gobelins, du Montparnasse, et même de la Villette.

Détail curieux : il est interdit aux... profanes de faire la cour à ces dames, en ce lieu. Ces messieurs, par une sorte de dignité professionnelle, ne tolèrent pas « ça », devant eux !

A minuit, au sortir du bal, hommes et femmes se séparent : l'homme pour aller « picotter » autour des Halles, la femme pour aller... travailler !

Un Alphonse.

Les Brasseries de Femmes

avez vous été dans les joyeux quartiers de Paris, à Montmartre, au quartier latin, aux Halles? On y trouve aussi des établissements qui ont tout l'air de brasseries ou de cafés ordinaires, mais dont les devantures ont des vitraux opaques ou des rideaux discrets. Leur porte s'entrebâille rarement, et rien de l'extérieur n'indique quelque chose d'anormal, sinon, souvent, l'enseigne qui relate que la patronne de céans est Mme Jeanne ou Emma, etc., et que le service est fait par des « dames costumées ».

Dans ces établissements ultra-naturalistes, on boit des bocks comme partout ailleurs, mais on fait aussi des conquêtes, et quelles conquêtes! Tout un harem de filles hâves et flétries, recrutées par une matrone, qui est la plupart du temps une ancienne fille retirée des affaires!

Accoutrées d'affriolants costumes qui souvent n'en sont guère, elles se présentent au client, l'invitent et l'excitent à boire, à ses frais naturellement; elles-mêmes s'excitent par les alcools impurs, et bientôt dans une atmosphère empuantie de tabac, l'ivresse et l'amour se confondent poëtiquement!

Près des grands boulevards, les brasseries de femmes les plus curieuses sont celles de la rue de la Lune et de la rue Blondel (*Les Belles Poules*); la *Brasserie des Sirènes*, 86, faubourg Poissonnière, tenue par Mlle Malthe, du Moulin Rose (service fait par de « charmantes » dames costumées (bock : o fr. 30); le *Moulin Rose*, 12, rue Mazagran; le *Chat Noir*, rue Saint-Denis; *La Française*, rue Saint-Honoré, près des Halles.

L'*As de Pique*, rue Brey, près l'avenue Wagram et la *Brasserie Ferdinand*, près du Bal Wagram, sont aussi célèbres. Au quartier latin, il y a : La *Brasserie Emma*, 21, quai Saint-Michel; la *Brasserie Coquette*, 50, rue Saint-André-des-Arts; le *Cabaret du Cygne*, 57, rue Monsieur le-Prince; le *Cabaret du Furet*, 8, rue de Vaugirard; le *Cabaret du Coq hardi*, 10, rue de Vaugirard; *Au Domino Rose*, 14, rue de Vaugirard; la *Brasserie du Petit Sénat*, 16, rue de Vaugirard.

Soupeurs et Soupeuses

A la vie dans les théâtres, les cafés-concerts et les music-halls, succèdent, de minuit à 4 heures du matin, la vie dans les grands restaurants de nuit : chez Maxim's, au Café Américain, chez Sylvain, chez Vetzel, restaurants de la haute noce.

Minuit : c'est l'heure du souper.

A **Montmartre**, sur la butte propice aux fantaisistes, les cabarets artistiques : les Quat'Z'arts, Tabarin, le Carillon, etc., laissent s'évader leur public bigarré...

Tout le monde s'égaie. L'Abbaye de Thélème, Cyrano, la Place Blanche, le bar de Tabarin, le Rat-

Un cabinet particulier.

Mort, la Nouvelle-Athènes, Graff, flambent de toutes leurs fleurs électriques. Et les femmes partout arrivent, seules, par couple ou en bande.

D'autres moindres fiefs du plaisir et de la galanterie, les mastroquets de second ordre : *le Rat qui n'est pas mort*, où les gigolos attendent la fortune d'une nuit, le Capitole, le Régent, la brasserie Fontaine, s'animent de rires, de froissement d'étoffes, de cris, d'appels de noms jetés.

On retrouve là, attablées avec l'amant de la présente nuit, les figures des deux Moulins, les passantes gaies, les nouvelles venues, les égarées d'un soir, les curieuses.

Parmi les faces déjà vues d'habitués depuis des ans, des sous-offs « en bombe » — des gommeux en quête du hasard ou réduits à l'économie par la culotte de la veille.

Trois heures : celles qui n'ont pas eu de chances, errent. Les plus heureuses s'en vont au bras du « petit amant » ; le travail est fini.

On se prend de bec ; on s'embrasse. D'ultimes marchés s'esquissent et se concluent.

A la charcuterie, au coin de la rue des Martyrs, des affamées en cheveux ou en soie font leurs emplettes pour souper chez elles. Des pierreuses demandent une tartine.

Au Quartier latin, au **boulevard Saint-Michel**, à la sortie du Bal Bullier, les tables de la Taverne du Panthéon, du Café d'Harcourt, du Soufflet et surtout celle de la Lorraine, se garnissent de « gigolettes », de femmes « du quartier », en quête d'une choucroute offerte par un « type » à la bourse plus garnie encore que la choucroute.

Contentes et provocantes, avec leurs chapeaux à plumes fantastiques, souvenir des largesses de quelque « rasta », avec leurs jupons roses, des dames très parées et peu farouches, hôtes de la rue Monsieur-le-Prince, de la rue Champollion, de la rue Royer-Collard, ces petites « femmes » s'approchent de vous et vous disent gentiment : « — Mon chéri, payes-tu un « ballon » — »

Du « ballon » au souper, il n'y a que l'épaisseur d'une pièce de 10 ou de 20 francs.

Le monde des soupeurs et soupeuses envahit aussi, surtout dans la nuit du samedi au dimanche, les nombreux restaurants de nuit qui environnent les halles.

L'étranger qui tient à voir les **dessous de Paris** (Voir page 122), ne saurait pas plus négliger une excursion nocturne **aux Halles** qu'une excursion de 10 heures à 4 heures du matin à la **Butte Montmartre**, et une autre excursion de 9 heures à 2 heures du matin au Quartier latin, c'est-à-dire au **boulevard Saint-Michel** (Voir ce mot).

RESTAURANT-BAR-MAXIM'S
3, RUE ROYALE

Très couru à l'heure de l'apéritif et surtout après les théâtres ; la « haute noce » y soupe volontiers.

Vers une heure du matin, coup d'œil amusant sur la foule d'habits noirs en gaieté et de « belles et honnestes dames » généralement très décolletées et très chargées de bijoux étincelants.

Beaucoup de jeunes gens, glabres, le dos voûté, les jambes pendantes sur les hauts tabourets du bar à gauche en entrant.

Sur les tables, petites corbeilles remplies de pommes frites (les fameuses « frites de Maxim's ! » spécialité de la maison) d'une légèreté et d'une délicatesse de mousseline, à discrétion pour les consommateurs.

Un tour de valse.

Dans le fond, on soupe par petites tables. Salle très coquette, avec orchestre tzigane, où les femmes à la mode, les Otero, les Pougy et les Cavalieri se rencontrent souvent, avec leur cortège de galants cavaliers.

Vers trois heures du matin, les jeunes fêtards excités font ranger les tables, et des couples légèrement éméchés tournent des valses endiablées, guidés par l'archet vainqueur des non moins victorieux tziganes.

CAFÉ AMÉRICAIN
4 *bis*, BOULEVARD DES CAPUCINES

A minuit, la fête commence au Café Américain. Les horizontales de grande marque, les « belles petites » expertes ès sciences et jeux d'amour, les Phrynés, les

L'escalier du Café Américain.

Laïs, les Thaïs modernes commencent à arriver en voiture, en coupé, en équipages ; tandis que beaucoup font émailler de leur toilette claire les chaises et les divans du café, d'autres, — les plus huppées et les plus richement nippées — montent au grand salon du premier, fraîchement décoré d'adorables peintures de Jambon, tout éclatant de luminières, tout illuminé par les nuits corinthiennes de Paris !

L'orchestre verse ses mélodies amoureuses, les fleurs mêlent leurs odeurs aux odeurs de chair, et le Moët et Chandon saute de joie dans les coupes de cristal. L'aspect de ce grand et beau salon a quelque chose de princier et de seigneurial. On se croirait l'invite, l'hôte d'un prince artiste et amoureux, prenant son plaisir à réunir autour de lui, au lieu de soldat, tout le bataillon de Cythère, — les femmes les plus ornées, les plus désirables et les plus prenantes de Paris.

Le coup d'œil du grand salon de l'Américain entre une heure et deux heures et demie du matin est un féerique spectacle nocturne.

CAFÉ DE PARIS

44, AVENUE DE L'OPÉRA

Une Soupeuse.

Plus sérieux que le Café Américain. Les « gens de la noce » qui y soupent ont la tenue un peu guindée des plus grands du monde. On peut amener sa femme souper au Café de Paris. Les belles courtisanes aux opulentes poitrines, aux chairs nues dans l'échancrure savante des corsages n'y offusquent ou n'y enchantent pas les yeux.

On soupe par petites tables, et tout se passe avec discrétion et décence, en tête à tête, sans fracas et sans musique, — comme dans le royaume des ombres heureuses.

VETZEL

1, RUE AUBER

Derrière l'Opéra, une brasserie sans apparence, avec terrasse. Divisée en deux salles. Dans la journée, des gens sérieux, des amateurs de bière de Munich. Mais de minuit à 3 h. du matin, c'est un envahissement de femmes, un va-et-vient de « belles petites », un véritable promenoir couvert.

Aux tables du milieu, dans la salle principale, les plus vieilles habituées, les lassées, sont assises à la file, comme en une exposition, derrière des bocks, des laits, des cafés, des menthes à l'eau; quelques-unes mangent des œufs ou fument une cigarette.

Des deux côtés de la salle, le long des parois, en face des grandes glaces, c'est un mélange d'hommes en redingote, en veston, coiffés du gibus ou du melon, et des femmes aux corsages voyants, vert scarabée, rouge cramoisi, bleu de Naples, qui fument, causent ou folichonnent.

Sortie de chez Vetzel.

Il y a des tablées entières d'étrangers, de jeunes Anglais baragouinant à ces dames un français difficile; et des Français, plus hardis, qui les tutoient familièrement. C'est le ton du lieu. Il n'y a de distinction ni dans le langage, ni dans les toilettes.

Le coup d'œil est curieux, et la quantité intéresse ici plus que la qualité.

C'est la petite Bourse de l'Amour.

SYLVAIN

12, RUE HALÉVY

La nuit tombée, et particulièrement entre minuit et une heure du matin, des voitures de cercle, très discrètes, sans numéro, aux roues caoutchoutées, ou des automobiles aux profondeurs d'alcôve s'arrêtent devant l'entrée des cabinets particuliers. Et de toutes ces sortes de véhicules « dernier bateau » descendent, pour s'engager dans l'escalier au tapis rouge, et aux tringles dorées, des femmes superbes, à la taille fine, aux lignes serpentines, ou au port de reine. Grandes dames ou demi-mondaines ? Toutes les deux...

Un coin de table.

Sylvain est le restaurant classique des amoureux. Sylvain est un dieu sylvain boulevardier, protecteur des amours buissonnières de la grande forêt parisienne. Les déesses mythologiques sont ici chez elles, et ont leur petite chapelle particulière pour le culte de la Beauté.

Et dans les salles du bas et du haut, on voit des prêtresses toujours joyeusement prêtes au sacrifice.

LE COQ D'OR

149, RUE MONTMARTRE

Le jour, excellent restaurant ; le soir, après minuit, est envahi par une avalanche de femmes, au jupon et au cœur légers. La galerie de tableaux vivants est quelquefois jolie à regarder. Il y a des Watteau, des Lancret, des Fragonard, des Chéret, des Boutet, toute la collection des gentilles Parisiennes qui peuplent le paradis de Paris.

LES RESTAURANTS DE MONTMARTRE

A Montmartre, au centre des attractions qui ont fait de la Butte un **autre petit Paris**, — un Paris familier, artiste, voire bohême, un Paris sans gêne et très « je-m'en-fichiste », il y a aussi des tavernes et des cabarets curieux, où l'étranger ira une fois — ou plusieurs fois — pour se mêler à la vie intime de Paris, pour s'amuser à toutes sortes de scènes de mœurs féminines et masculines.

Les cabarets de la Butte ont leur clientèle de peintres de modèles, de petites comédiennes, de cocottes qui font les charmes du *Moulin Rouge* et du *Moulin de la Galette*.

La plupart sont des restaurants de nuit, mais on y peut aussi dîner de six heures et demie à huit heures.

L'étranger qui voudra « se payer » Montmartre ne se

Avec les chapeaux de ces Messieurs.

fera pas accompagner de sa femme, et fera bien d'y monter dès six heures et demie du soir; de prendre l'apéritif au *Café du Rat Mort* ou de la *Place Blanche*, et de dîner dans un petit cabaret très modeste mais des plus curieux, comme chez **Amandine**, ou dans un restaurant du même genre et peu masculin.

LE HANNETON
75, RUE PIGALLE

UNE petite salle basse, dont les rideaux rouges évoquent l'aspect des brasseries de femmes. C'est plutôt ici une brasserie *pour* femmes. Au *Rat mort* et à l'*Abbaye de*

Thélème, ces dames recherchent les hommes; ici, elles se recherchent entre elles.

Le soir, on y rencontre rarement un représentant du sexe fort; les femmes émasculées, maîtresses du lieu, y dînent en tête-à-tête, à de petites tables, et s'offrent ensuite des cigarettes, des douceurs et des baisers.

A voir comme curiosité pathologique.

LA VACHE ENRAGÉE
25, RUE LEPIC

En guise d'enseigne, se balance au vent une vache étique, efflanquée comme une des sept vaches maigres d'Egypte. Comme décor intérieur, des pochades aux couleurs cahotées et violemment lumineuses, allégories joyeuses où s'enlacent pierrots et petites femmes, et où domine le galop ailé de la vache symbolique, objet de convoitise, malgré sa maigreur.

En dépit de son enseigne et de ce décor bohême, on trouve ici excellente cuisine et excellente cave. Café savoureux et à discrétion, servi dans de petits filtres en grès, contenant chacun plusieurs tasses. Le tout dans les prix doux.

La *Vache enragée* est une table familiale où se retrouvent, à midi et le soir, les rapins, les sculpteurs, les ouvriers d'arts et les jolies modèles de la Butte, aux allures de petites bourgeoises, et aucun endroit à Montmartre ne rappelle si bien les fameuses guinguettes qu'illustrèrent jadis les romantiques. C'est d'un bout à l'autre du repas, un feu roulant de bons mots, de grivoiseries, de spirituels à-propos. On s'y montre son dernier « chef-d'œuvre » et aussi les « photos » qui revèlent les petits modèles de Montmartre dans les plus fous déshabillés.

L' "ABBAYE DE THÉLÈME"
1, PLACE PIGALLE

C'est de sept heures à dix heures du soir un très honnête restaurant, où l'on dîne tranquillement dans de belles grandes salles ou d'élégants cabinets particuliers.

A partir de minuit, l' « abbaye de Thélème » commence à justifier son nom rabelaisien. Peu à peu, on voit arriver, comme des papillons de nuit attirés par les lumières, les cocottes, les horizontales, les belles petites, les demi-mondaines que le Moulin-Rouge, le Moulin de la Galette, les petits théâtres et les cabarets de la Butte ont laissées veuves.

Elles viennent surtout se grouper dans la grande terrasse vitrée, et elles attendent, — tandis qu'à des tables voisines, — celles que la chance a mieux favorisées soupent déjà avec des jeunes gens à la moustache naissante ou de vieux messieurs très décorés.

C'est un coup d'œil très gai, très parisien, très animé que celui de ce vol de femmes-papillons, qui

Cabinet N° ...

n'ont pas d'ailes pour fuir la main qui les prend.

Parfois, une discussion s'élève. Un jeune dégénéré trop ému, déchire le collet de drap d'une de ces dames, et alors tout le bataillon sacré se lève pour chasser l'intrus. Le monsieur trop vif est poussé jusque sur le trottoir, poursuivi par 40, 50, 60 femmes qui se lèvent comme un seul homme quand il s'agit de se soutenir entre elles.

A « l'abbaye de Thélème », on dit la messe d'Amour toute la nuit ; l'abbaye ne chaume jamais.

LE "RAT MORT"

7, RUE PIGALLE

(Entrée particulière, 16, Rue Frochot)

Un des cafés-restaurants les plus célèbres de Montmartre. Doit son nom à un rat qui fut puni de mort pour avoir inquiété un moment un couple qui avait des choses particulières à se dire en cabinet particulier. On montre encore le cadavre de l'infortuné rongeur à qui le demande! Doit sa réputation et sa vogue aux demi-mondaines qui en font, passé minuit, le plus bel ornement.

Une promenade nocturne sur « la butte » se termine toujours par une station au RAT MORT. Entre trois et quatre heures du matin, il y a là, au 1er étage, la plus complète collection de soupeuses qui se puisse désirer, mangeant des huîtres et des écrevisses, dévorant des viandes froides, voire même des poulets truffés, arrosés de Champagne, aux sons d'une musique tzigane qui réveille les luxures les plus endormies.

A côté de ces aimables hétaïres, qui reprennent des forces pour le reste de la nuit, on voit des noctambules venus de tous les coins de Paris pour «lever» un gibier facile. Il suffit de prendre un café (0 fr. 50) pour voir des femmes s'ébattre autour de soi comme une nuée d'oiseaux de tous plumages. Et, quand les premières clartés du jour, filtrant à travers les vitraux des baies, viennent affaiblir les lumières des lampes, tout ce monde regagne, les uns en voiture, les autres à pied bras dessus, bras dessous, le paradis qu'Ève nous fit perdre, mais que ces dames nous font retrouver.

LE CAFÉ DE LA PLACE BLANCHE

3, PLACE BLANCHE

C'est avec l'abbaye de Thélème, l'un des endroits de Montmartre où l'on soupe le plus et le plus joyeusement.

Le café de la Place Blanche fait face au Moulin-Rouge. Dès que les ailes du bruyant Moulin ont cessé de tourner, c'est vers la Place Blanche que ses petites femmes se dirigent. On y soupe consciencieusement et la société y est peut être un peu plus relevée qu'à l'abbaye de Thélème. Les soupeuses y sont aussi plus jeunes et de meilleur ton. Leur teint est plus frais, et leur costume porte la marque des meilleurs faiseurs.

Au rez-de-chaussée, le menu fretin des noctambules qui ne soupent pas.

Si l'on monte au premier, une odeur particulière, une

L'orchestre de Tziganes.

odeur de femme vous arrive en chaudes et caressantes effluves mêlée aux fumets des plats bien apprêtés.

La salle, au centre de laquelle se détachent les vestes rouges d'un orchestre tzigane, présente un coup d'œil tout à fait charmant. Les toilettes claires, les corsages de couleur, les grands chapeaux à plumes tranchent avec la blancheur des nappes : on dirait des fleurs vivantes, éparpillées sur un blanc tapis de neige.

Vers une heure, la place manque bientôt, on est obligé de se serrer aux petites tables, mais la gaité est d'autant plus grande que la foule des soupeurs et des soupeuses augmente et qu'approche l'heure où se lève l'étoile de l'Amour, l'étoile du Berger...

Il n'est pas rare, — souvent le samedi vers trois heures du matin, de voir les soupeurs et les soupeuses improviser un bal d'un pittoresque des plus amusants.

A la danse succède le chant, et l'infernal « chahut » se continue jusqu'au jour.

LE TRÉTEAU DE TABARIN

Bar et Restaurant

58, RUE PIGALLE

Curieux à voir vers trois heures du matin, quand les soupeurs et les soupeuses du Café de la Place Blanche y descendent pour varier leur état d'âme et leurs plaisirs.

Le salon est au 1er, très bien décoré, avec des peintures de belles femmes nues, des tapisseries genre flamand et de longs divans genre oriental.

Quant aux femmes, elles ont le genre montmartrois. Elles sont bruyantes, exhubérantes, amusantes, apostrophantes; et pour des mangeuses d'hommes, elles ne sont pas aussi féroces et affamées que les femmes d'ailleurs. Cependant il ne faut pas se fier à leurs petites griffes roses.

La salle est éclairée par des rampes de lumières électrique émergeant du plafond. On se croirait dans le salon d'un transatlantique.

Un chanteur, devant un piano, débite le répertoire de Montmartre.

LE CAPITOLE

C'est l'ancienne « *Truie qui file* ». Le jour on y déjeune et on y dine très bien.

La partie nocturne du Capitole est au 1er étage et n'est animée que vers trois heures du matin.

C'est la 3e station des soupeurs et des soupeuses de la Butte; on y vient après s'être « peloté » un moment sur les divans rouges du Tréteau de Tabarin, et on y attend généralement l'aurore, à l'exemple des gens vertueux.

Mais la vertu n'est pas la fleur qui fleurit en ce lieu si l'on en juge par les scènes et les tableaux de mœurs qu'on y voit : couples qui s'enlacent et s'embrassent sur la bouche, et femmes amoureusement penchées sur d'autres femmes...

Là encore, un piano et des chanteurs montmartrois.

Tout à coup le jour blême apparaît.

Alors c'est la retraite des Soupeurs et des Soupeuses, des noctambules, de tous ceux qui sont venus sur la Butte pour s'amuser. C'est le branle-bas d'un départ sur le quai d'un pont ou d'une gare.

Les fiacres qui attendent opèrent un véritable Embarquement pour Cythère.

Maintenant, c'est presque le jour.

Paris est mauve, Paris est bleu, Paris est blanc. Les balayeurs, des vieilles en marmottes rayées, avec des gestes lents et las, font la toilette de la grande ville.

On assiste à un dernier envolement des tardives cigales d'Amour, défardées, les ailes pendantes.

Et c'est le jour.

Il fait soleil, ou gris ; on crie le mouron pour les petits oiseaux. Des hottes de fleurs passent sur des dos cassés. Des pas lourds d'ouvriers résonnent sur le trottoir.

Paris s'éveille.

Paris travaille !

Les Dessous de Paris

Pour voir les **Dessous de Paris**, on peut s'adresser à l'**Agence générale des chasseurs-guides parisiens**, 22, rue Meslay et 15, boulevard Saint-Martin, téléphone 287-33, qui a un personnel recruté d'une façon spéciale et offrant toute garantie.

Tarif : De 8 h. du soir à 1 h. du matin, 6 fr., de 8 h. du soir à 5 h. du matin, 12 fr.

Extrait du règlement : Le chasseur devra servir le client aux prix et conditions du tarif.

Le chasseur aura la faculté, selon les demandes, de se mettre au service de plusieurs personnes à la fois, en traitant avec elles de gré à gré, en se basant sur un prix moyen du tarif.

Les plaintes contre un chasseur entraineront, s'il y a lieu, la révocation de ce dernier.

Il y a à côté du Paris nocturne des grands boulevards, — du Paris joyeux et galant de Maxim's, de Sylvain, du Café américain, de Wetzel et des cabarets de la Butte (l'abbaye de Thélème, le Café de la place Blanche); — il y a un autre Paris dont la vie ne commence qu'après minuit, un Paris étrange, parfois horrible, quelquefois dangereux, mais combien plus intéressant qui offre à l'observateur des scènes et des tableaux de mœurs qui valent ceux des **Mystères de Paris**.

Une expédition nocturne dans les « caboulots » voisins des Halles fera descendre l'étranger dans les vrais enfers Parisiens.

Il ne serait pas prudent de s'y aventurer seul; mais si l'on a un peu étudié les lieux de jour, de manière à s'y reconnaître la nuit, deux ou trois compagnons bien décidés, même accompagnés de dames, n'ont absolument rien à craindre. On rencontre du reste partout des sergents de ville, qui font leurs rondes et qui, très obligeamment, vous renseignent. On peut aussi, en s'adressant à la préfecture de Police, se faire accompagner par un agent de la sûreté en bourgeois, et plus facilement par un « chasseur-guide » de l'**Agence générale des chasseurs-guides parisiens** (Voy. p. 122).

Voici l'itinéraire que pourront suivre des curieux comme nous, qui se sont réunis à quatre (deux messieurs et deux dames) pour visiter une nuit, de une heure à cinq heures du matin, à dix minutes des grands boulevards, au centre même de Paris, des établissements nocturnes qui semblent n'appartenir qu'aux romans d'Eugène Süe, de Gaboriau et de Montépin, et un quartier qui semble faire encore partie du vieux Paris du xve siècle.

Une " pierreuse ".

Du Boulevard Montmartre
a la Rue Pirouette

Vers une heure du matin, on descendra à pied la rue Montmartre.

Semblable à une ruche ouvrière le jour, la rue Montmartre se métamorphose la nuit en une voie presque sinistre, éclairée çà et là par des bars et des assommoirs que peuplent la débauche, la misère et le vol. A travers les portes vitrées, on aperçoit des faces patibulaires, des profils louches de voleurs et de souteneurs. Devant un de ces bars de bas étage stationnent des voitures de maraude. Imprudent est celui qui y monte. Il est arrivé plus d'une fois que le voyageur a été conduit dans une direction opposée à celle qu'il avait indiquée et qu'il a été dévalisé dans les terrains vagues des fortifications.

Près de la rue du Croissant, dans les cafés borgnes, des camelots attendent déjà les premiers numéros des journaux du matin, qu'on va mettre sous presse.

Devant et derrière vous, sur le trottoir, marchent des gens dépenaillés, des hommes et des femmes qui viennent on ne sait d'où, qui descendent des hauteurs de Montmartre, attirés, comme des carnassiers, par l'odeur des Halles.

Au milieu de la rue, ce sont des bandes de voyous et de filles, qui passent, bras dessus, bras dessous, en chantant des couplets de la Butte.

Près de la Pointe St-Eustache, des miséreux, de vieux mendigots à barbe blanche, appuyés sur un bâton, vous abordent : « **Mon prince**, donnez-moi deux ronds pour aller coucher, »

Moyennant deux sous on peut en effet passer quelques heures de sommeil dans certains caboulots voisins des Halles. On a le droit de s'asseoir à une table et de dormir la tête sur ses bras.

A quelques pas de St-Eustache, au commencement de la rue Montorgueil, aux « Nouvelles Caves » ou à la « Brasserie Morand », pour cinq sous, on peut somnoler jusqu'à cinq heures du matin, et avoir au réveil, une soupe.

Voir, en s'approchant de la devanture vitrée de ces établissements, tous ces pauvres diables sans domicile, ces mendiants sans gîte, affalés sur les tables, dormant d'un sommeil de bête, comme à une étape un convoi de forçats.

De la rue Montorgueil revenir dans la rue Turbigo, la traverser, prendre la rue de la Truanderie, où s'allument les réchauds des cuisines en plein vent, et tourner à dr. dans la petite rue Pirouette, pour aller à « l'Ange Gabriel ».

" L'Ange Gabriel "
RUE PIROUETTE

Une grande veilleuse quadrangulaire se balance en l'air, précédée en guise d'auvent d'un ange de fer-blanc peint : Telle est l'enseigne de ce cabaret bizarre.

Si ces dehors sont symboliques, l'intérieur ne l'est guère,

Le rez-de-chaussée a l'aspect ordinaire d'une boutique de marchand de vin. On n'y voit ni madones, ni anges dans le goût de Fra Angelico, mais en face du comptoir où trône la mère Mathieu, sorte de géante aux imposantes rondeurs, un grand panneau représente des cochons ventrus, la serviette au cou, festoyant autour d'une vaste table, en des poses grotesques. Cependant le rez de chaussée n'est rien encore : la salle du premier étage, à laquelle on grimpe par une sorte d'échelle de meunier, dit tout. Elle ne s'ouvre qu'au coup de minuit pour se fermer au jour.

La salle du premier.

C'est une sorte de pièce oblongue, au plafond noirci par la fumée de tabac et souillé d'éclaboussures abjectes. Dans un brouillard empesté de relents d'alcool, un tas d'hommes et de femmes, venus de tous les coins crapuleux de Paris, gesticulent au milieu du fracas des verres, que dominent les chansons canailles des virtuoses de la pègre, s'accompagnant d'une guitare ou d'un crin-crin. Sur les tables de marbre blanc des noms de criminels célèbres, qui ont été guillotinés, à côté de doux noms de marlous et d'élégies au crayon, où **Marcel des Halles** et **Poil Bleu**, tous les beaux messieurs qui vivent d'une femme ou d'une pince-monseigneur, ont révélé leurs confidences et leurs misères d'amour !

L'unique fenêtre, derrière laquelle se balance l'enseigne, offre, par transparence, un peinturlurage grossier où l'ange Gabriel et un gendarme se trouvent en un vis-à-vis inattendu. Mais la décoration des murs est autrement intéressante. Des fresques, disposées tout autour de la salle, racontent comment l'Ange débarqua un beau-jour à Paris, tout comme un étranger curieux de s'initier aux joyeusetés de la bonne ville et y fit son chemin de Damas. Tout d'abord le voici au Moulin Rouge, s'apprenant à danser le « chahut » avec des petites femmes, puis goûtant aux plaisirs plus secrets des maisons où l'on fait l'amour en passant.

Reprenant sa mission d'ange protecteur, on l'aperçoit plus loin, berçant des rêves de fille avec des visions de sacs d'or; ailleurs, veillant sur les douces nuits de concubinage, en protégeant la « marmite » qui dévalise dans un hôtel un « pante », durant son sommeil; ailleurs encore, accompagnant en tandem, au bois, une jolie personne. Puis lassé et dégoûté, tiraillé à la fois par les agents, le diable et les grinches, l'ange Gabriel regagne le Paradis.

Enfin vient l'apothéose de l'ange, dans un ciel sanglant, sur un horizon de casquettes à pont et de figures en lame de couteau.

C'est surtout dans la nuit du samedi au dimanche, qu'il faut visiter cet étrange cabaret qui réunit l'écume du pavé parisien; on y verra les types les plus curieux et les plus bizarres et on y entendra des propos et des chansons qu'on entend nulle part ailleurs.

Ces nuits-là, on ne peut rester que peu de temps à l'ange Gabriel; pour faire renouveler les consommations, on oblige le public à se renouveler.

La rue de Venise.

La Rue Quincampoix et la Rue de Venise

En sortant de l'« Ange Gabriel, » suivre la rue Rambuteau, qui traverse le boulevard Sébastopol ; la première rue qu'on rencontre, à droite et à gauche est la *rue Quincampoix* que le financier Law rendit célèbre.

C'est encore ici, la nuit comme le jour, un Paris du moyen âge, tapi derrière les grandes voies modernes ; c'est un zig zag infernal de maisons ventrues qui dan-

Une habitante de la rue de Venise.

sent et se heurtent, avec d'autres, évidées, en angle rentrant, montrant leurs flancs étripés ornés de tuyaux de conduite ; c'est sur le pavé gras, un autre zig-zag d'ivrognes, cognant furieusement aux portes massives, et subitement calmés par quelque douche ammoniacale, dégringolant à l'improviste des fenêtres à guillotine.

A gauche dans la rue Quincampoix, une autre surprise : la **rue de Venise**, bien nommée, car elle rappelle ces ruelles qui ressemblent à de longues fissures, dans l'ancienne ville des Doges.

D'abord assez large, cette rue devient, après la rue Saint-Martin, qui la coupe en deux, une sorte d'étroit boyau suppurant, avec de ci, de là, des renflements, des cavités gluantes, comme l'impasse de la Baudroirie, où s'étalent des monceaux d'ordures, qui sont comme l'excrétion continuelle de cet infect foyer. Les murs, d'un noir d'encre, ont, au rez-de-chaussée, sous des encorbellements qui saillent en forme de nez d'ivrogne, des trous béants d'un rouge hideux, des repaires où s'agitent, en tout le débraillement de l'orgie de la boisson et de la chair, les gouges et les souteneurs ; — des lits tout prêts, aux deux coussins blancs étalés sans vergogne, en des rez-de-chaussée ouverts comme des boutiques d'amour, appellent le passant. Le jour, ces marchandes de plaisir se tiennent sur le seuil, assises sur un escabeau ; elles lisent le feuilleton du *Petit Journal* en attendant la pratique.

La Rue Beaubourg

A l'**extrémité** de la rue de Venise, on trouvera la **rue Beaubourg,** qui débouche à gauche vers le milieu de la rue Simon le Franc.

C'est ici le sommeil de la misère, de la crapule ivre-morte ou brisée de fatigue. Des deux côtés de la rue, un alignement sordide d'hôtels fangeux, aux portes desquels des lumignons indécis, éclairent de grandes plaques de verre dépoli ou coloré, où se trouvent écrits tout le bon marché, toute l'horreur d'un couchage à la nuit, pour o fr., 25, en des réduits orduriers, en des dortoirs qui n'en sont pas, dont les fenêtres ont des carreaux brisés raccommodés avec de grands emplâtres de papier, comme des yeux malades.

L'un de ces bouges, un hôtel à l'enseigne voyante, à l'air délabré et pantelant d'une masure en démolition : il recèle en ses flancs mal clos, des vagabonds, des mendiants et des ivrognes, tout l'escadron oublié d'un roi de Thunes, tous les sabouleux et les révoltés modernes.

Pour cinq sous par jour, ils y trouvent la nourriture, le gîte, et les bons soins d'une ogresse receleuse qui facilite volontiers l'écoulement des produits de leurs vols. Mais le matin, à cinq heures, un signal de cloche jette brutalement à la porte ces ombres de l'enfer parisien, qui s'éparpillent alors autour des Halles, et s'en vont, souples et invisibles, marauder à l'étal de quelque maraîcher endormi, ou enlever le panier d'une cuisinière distraite.

En revenant vers l'entrée de la rue Beaubourg, on prendra à la suite de cette rue, la rue **Brise-Miche**, une rue de misère plus honnête, dont les innombrables auvents, se découpant pittoresquement en noir sur le ciel, donnent l'impression d'une ruelle commerçante d'un autre siècle. — A l'extrémité de cette rue, la rue **Taille-pain**, la rue **Pierre au Lard** sont mornes et silencieuses...

Par la rue **Saint-Merri**, à droite, et la rue Aubry-le-Boucher on revient dans la région des Halles ; après avoir retraversé le boulevard de Sébastopol, on entre dans la rue **Berger** qui coupe la rue Saint-Denis ; à droite, au n° 35 de la rue Saint-Martin, voir l'**établissement Fradin, l'auberge à quatre sous**, le grand workhouse de Paris où chaque nuit des centaines et des centaines de malheureux trouvent quelques heures de repos et de sommeil.

L'Auberge a 4 Sous (Fradin)
35, Rue St-Martin

C'EST une sombre et étroite maison de cinq étages, toute en hauteur, — et en profondeur, car elle a plusieurs étages de caves. — Au rez-de-chaussée, une boutique discrète, aux volets clos, pleine de silence, mais illuminée à l'intérieur, et d'où s'échappent des odeurs de soupe chaude, tel est l'asile que l'honorable et moustachu Fradin offre toute l'année à sept ou huit cents vagabonds de la capitale, de huit heures et demie du soir à six heures du matin. Pour 20 centimes, on y a une écuelle de soupe. Pour un ou deux sous de plus, un verre de vin ou de café, et l'on y trouve un abri, sinon confortable, du moins chaud, où l'on ne risque pas de geler ou de se faire « emballer » par la police.

Entrez ! le rez-de-chaussée n'a rien de remarquable, on dirait la boutique d'un marchand de vin, dépourvue d'un luxe inutile ici. Derrière une espèce de comptoir, trône la mère Fradin qui distribue des jetons en échange du prix des soupes ; dans le fond, Fradin, sur le seuil de sa cuisine, comme un caporal d'ordinaire, surveille d'un œil ses soupes, et de l'autre son monde, veille au bon ordre et au silence, rabroue les trop-pressés et les gourmands. A côté de la cuisine, une porte basse donne accès aux différents étages de l'auberge.

Sauf le premier, où se trouve le logement de Fradin, toute la maison, des caveaux au quatrième, n'est qu'un immense dortoir, aux différentes sections duquel on accède par des escaliers en bois, raides comme des échelles de meunier. Dortoir ! si l'on veut ! il n'y a pour dormir que des tables et des bancs, disposés comme dans une école, autour desquels, sur lesquels, sous lesquels tous ces malheureux, à la lueur verdâtre des becs de gaz, s'entassent, s'étendent, s'affalent, se recrocquevillent tant bien que mal, somnolent ou ronflent, selon leur degré d'endurcissement et d'habitude.

Dans les caveaux, il fait plus chaud, aussi y a-t-il plus d'amateurs, et l'on en voit, dans cette foule que domine cette odeur particulière aux gens qui ne se lavent jamais, odeur rappelant assez celle du bouc, on en voit qui, par bravade, s'y mettent parfois tout nus.

Après minuit, tout est plein, surtout en hiver ; le plus petit coin libre a son dormeur, et pour gravir les escaliers, on est forcé d'enjamber des corps pitoyables, effondrés sur les marches dans un sommeil de brute...

Vers deux heures et demie du matin, lorsque les derniers clients de Fradin sont arrivés, le silence le plus absolu règne dans ce lieu de misère, troublé seulement par des plaintes languissantes, ou des questions de ce genre :

« Qu'est-ce qui a un sou de pain, un sou de fromage à revendre », ou des conversations qui roulent en général sur les individus de l'espèce acarienne :

« Tiens, en voilà « un hercule ! » (**gros pou**), il est plus « costo » (plus gros) que le tien ».

Les clients de Fradin appartiennent à toutes les catégories des déclassés : ce sont des vaincus du terrible combat de la vie, ou des malins qui en ont su tourner les difficultés, en s'adonnant à une foule de métiers bizarres, comme ceux de « migottiers », de « bagottiers » (suiveurs de voiture), d'ouvreurs de portières, de « canards » (crieurs de journaux), de portefaix des Halles. On y voit des gamins de dix ans, qui tutoyent des vieillards de 70 ans, et les appellent « vieux pilons » (malheureux). On y voit aussi des ouvriers terrassiers ou maçons, provinciaux pour la plupart, qui viennent là par simple économie. Mais Fradin a aussi des clients plus dangereux, à en juger par les pancartes bleues qui décorent les murs, et où se lit cette inscription, assez ironique en ce lieu : « **Méfiez-vous des voleurs !** »...

Et le matin, à six heures, quand le réveil sonne, il faut une grande heure pour faire évacuer tout ce monde, et Fradin est souvent forcé d'employer les coups de bâtons pour accélérer le mouvement.

Le croirait-on ! avec ses sept à huit cents pensionnaires à quatre sous, Fradin arrive à faire de quatre à cinq cents francs de recettes par nuit ! Fradin appelle cela de la « philanthropie ».

En sortant de chez Fradin, suivre la **rue des Innocents** qui longe le square, et s'arrêter au 15, dans un des bouges les plus étranges de Paris : **le Caveau.**

Le Caveau

15, Rue des Innocents,

Au fond d'un comptoir banal de marchand de vin, un escalier tordu, aux marches de pierre gluante, conduit dans une cave voûtée, divisée en trois compartiments, autrefois dépendance du Charnier des Innocents, aujourd'hui caveau chantant de la cambriole et de la pègre. Dans chaque compartiment de cette crypte, la clarté dansante d'un bec de gaz fait des ombres portées, des silhouettes fantastiques, accusant des carrures d'épaules, des courbures de nez, des ouïes décorées d'accroche-cœur, sous les hauteurs insolites des casquettes.

Sur les murs on voit, sculptés à coup de surin, des cœurs traversés de la flèche symbolique, et des inscriptions laconiques, aussi explicites qu'énergiques : « **Mort à qui me la prendra** » — « **Mort aux filles infidèles ! — Nénest à toi pour la vie ! — Mort aux vaches !** (aux sergents de ville). — **Vive les petites femmes !** »

Et on lit les noms de tous les grands criminels qui, depuis vingt ans, ont porté leur tête à M. Deibler.

Les trois salles sont meublées de tables et de bancs de bois, et autour de ces tables, se vautrent, ricanent et boivent les femmes qui « turbinent » et les jolis messieurs qui vivent en grands seigneurs du pot-au-feu de leurs « marmites », et ne daignent tendre leurs muscles paresseux que pour fracturer des portes.

Dans la salle du milieu, accompagné par un pianiste à moitié aveugle, un prince de la chanson canaille est

Au caveau.

là pour les divertir et leur donner du cœur à l'ouvrage. Il chante la **Marche des Cambrioleurs** qui soulève tous les soirs, l'enthousiasme des « pègres » :

On arriv' la nuit,
Sur le coup d' minuit
Dans un' maison solitaire ;
On flanque au portier
En train d' roupiller
Des marrons sur la caf'tière.
Le bourgeois traqueur
Devient vert de peur,
Nous offre des liqueurs.
On prend son argent
Et mêm' ses fauss's dents,
Ses antiquités,
Son vin frelaté
Et sa femm' par dessus l' marché !

En juillet dernier
Je v'nais d' pénétrer
Chez un' douairièr' peu bégueule
Mais qu'ell' déception
Rien dans la maison !
Je trouv' la vieille tout' seule.
Alors ell' me dit :
Monsieur le bandit,
Vous d'vez être déconfit,
Car pour tout r'venu,
Je n'ai qu'ma vertu,
J' vais vous la donner.
J' réponds sans tarder :
« Merci, j'veux pas vous en priver ! »

N'y a-t-il pas de quoi rendre un honnête homme amoureux du métier !

Autrefois la porte extérieure du Caveau était surveillée par un hercule armé d'un gourdin, chargé d'éloigner du lieu les clients trop compromettants.

Aujourd'hui, tout le monde y a accès ; seulement la

préfecture de Police poste chaque nuit deux sergents de ville au bas de l'escalier.

Au Caveau, les consommations se payent quand on les sert. A part cette précaution, et malgré les deux sergents de ville qui veillent au bas de l'escalier, on est libre comme chez soi. On peut y préparer, entre bons camarades de la pègre, les bons coups à faire ; et messieurs les souteneurs y régalent, avec l'argent qu'elles leurs apportent, les petites femmes qui ont bien « turbiné ». La reconnaissance de l'Alphonse, du « poisson au beurre », se manifeste même en bécots répétés.

Le Chien qui Fume
Rue du Pont-Neuf (coin rue Berger)

A la sortie du Caveau, prendre la **rue des Halles**, qui déjà commence à s'animer, et aller manger des huîtres ou une soupe à l'oignon au **Chien qui fume**, pour rester dans la note naturaliste.

A trois heures du matin, le rez-de-chaussée, les petits salons du 1er, les cabinets, tout est plein de soupeurs et de soupeuses, de soupeuses surtout, car l'on voit là des femmes de toute catégorie, de tout plumage et de tout langage, depuis la grande cocotte du boulevard, qui revient de l'Américain, empanachée d'un chapeau à larges plumes, jusqu'à la petite ouvrière du faubourg, jusqu'à la fille soumise des quartiers interlopes, en cheveux.

Les habituées de la maison s'embusquent au haut de l'escalier, attendant le client. Et dès qu'elles ont aperçu un soupeur qui paraît « bonne tête », elles viennent s'attabler en tapinois à côté de lui, et se font servir en même temps que lui. Au moment de l'addition, la femme s'éclipse, et la « bonne tête » doit payer pour les deux. Il y a des femmes qui se font ainsi payer six fois à souper dans une nuit !

Sur le trottoir.

Si le monsieur qui n'a commandé que pour lui, refuse de payer la double addition, on va quelquefois jusque chez le commissaire de police qui ne donne du reste jamais raison au restaurateur.

Les femmes qui « font » les autres restaurants de nuit des Halles : la **Maison Baratte**, les **Deux Pavillons**, le **Père Tranquille, Gabriel**, le **Bon Chasseur** et le **Bon Pêcheur**, sont coutumières du même « truc ».

Dans plusieurs caboulots voisins des Halles, les filles sont chez elles, trop chez elles même, et on les y surprend parfois, en des entrebâillements de porte, dans des déshabillés et des fonctions qui ne manquent pas de pittoresque et de piquant.

De la rue des Halles, descendre par la rue St-Opportune dans la rue Pierre Lescot, et aller faire, à côté du restaurant du **Bon Pêcheur**, une dernière station au cabaret unique en son genre : **le Grand Comptoir**.

Le Grand Comptoir

C'est là que s'échouent les « calicots » en ribotte, les rapins, les poètes effondrés, toute la bohème de la Butte ou du quartier latin, tout un monde étrange d'hommes et de femmes qui vit la nuit, et termine ici, en des saouleries à l'eau-de-vie ou au Champagne, les gueuletons commencés au **Chien qui Fume**, ou chez **Baratte**.

C'est entre 4 et 5 h. du matin qu'il faut entrer au *Grand comptoir* pour en saisir toute la beauté naturaliste. Dans une atmosphère empuantée par les relents d'alcool, des viveurs vannés titubant en leur délire bacchique, s'escriment sur le ventre d'une guitare en essayant de faire danser encore des créatures déjà avachies ; les autres devisent, d'une langue épaisse et vineuse ; d'autres dorment, foudroyés par l'ivresse, d'autres somnolent, hébétés, attendant les premières lueurs de l'aube pour secouer leur torpeur.

Cuisine en Plein Vent

Ceux qui rôdent autour des Halles et qui ont réussi à réunir deux « ronds » vont se payer une soupe à la cuisine en plein vent, installée au coin de la rue.

Au milieu des groupes de jeunes gens, de femmes en

nôce et de vieilles débraillées, se détache la silhouette correcte d'un noceur mondain, d'un fêtard des boulevards, le chapeau haut de forme campé sur l'oreille, tout fier et tout joyeux de s'être échappé d'un dîner officiel ou d'une fête de famille pour se mêler à la canaille, aux noctambules rôdeurs, à tout ce gibier de prison qui s'abat de deux à quatre heures du matin sur le quartier des Halles.

Du côté du Châtelet, au fond du ciel gris, un petit jour blafard point. Les groupes deviennent plus compacts, plus noirs. Tous

Une cuisine en plein vent.

les pauvres loqueteux, les vieilles sans asile, qui errent en grelottant, ou dorment quelques heures, assis près d'un pavillon, chassés par les maraîchers qui arrivent, la rude voix des Halles qui s'éveille, se dressent autour de la soupe fumante, les yeux hagards, comme les spectres de la misère et de la faim.

Le Réveil des Halles

Les Halles s'éveillent dans la joie du travail, aux lueurs blanches de l'aube. Le coup d'œil est superbe ; c'est un tableau unique au monde que ces entassements gigantesques de victuailles destinés à nourrir Paris un seul jour.

C'est d'abord une débauche de couleurs, se dégradant à l'infini, du vert sombre au rose clair, avec des échappées criardes de rouge vif et de jaune cru ; c'est la mer des légumes s'étalant en nappes, ou se dressant en vagues qui semblent battre les flancs des Halles ; c'est une forêt mouvante de hottes, de mannes, c'est l'encombrement des véhicules de toute forme, depuis le chariot bas du boucher, tout rouge de sang, comme un chariot de guerre barbare, jusqu'aux pimpantes charettes traînées par de petits ânes.

Sur la place Saint-Eustache, couverte d'un tapis de paille, se tient jusqu'à huit heures, le marché aux carottes, aux navets et aux poireaux, avec ses vieilles, assises sur des chaises, au bord du trottoir et jusqu'au milieu de la chaussée.

A droite, tout autour du pavillon droit des Halles, c'est le **Carreau**, (jusqu'à neuf heures) où détonent les jaunes splendides des potirons et des citrouilles sur les verts délicats des salades, disposés sur le sol en dessins géométriques.

A l'**intérieur**, coupées en quatre tronçons par la rue **Baltard**, du N. au S. et la rue couverte **Antoine Carême** de l'est à l'O. les Halles comprennent dans le tronçon de droite quatre pavillons, dans celui de gauche six.

Une marchande aux Halles.

Dans le tronçon gauche à l'extrémité de la rue Rambuteau : le **Pavillon de la viande**, d'un rouge rutilant, avec ses bouchers à la tête emmaillotée de linge sanglant ; ses crocs formidables où pendent les quartiers de bœuf, ses alignements prodigieux de moutons décapités donnent l'impression d'un Montfaucon du bétail. — A l'extrémité opposée, à l'angle de rue la Berger s'ouvre le **Pavillon de la volaille et du gibier**, mort ou vivant, piaillant, battant des ailes ou empilé rapidement par monceaux dans des voiturettes, voire même des fiacres.

En traversant la r. Baltard, le deuxième pavillon en bordure de la r. Berger, est celui des **Beurres** en gros, avec ses mandataires ventrus, qui ont fini par prendre eux-mêmes la rondeur d'une motte de beurre. Jolies marchandes coquettement attifées. — A côté, dans le **Pavillon des fromages**, toute la gamme de couleurs claires de l'or pâle au rouge vif, du chester au Hollande, toute la gamme des odeurs, depuis la puanteur des bries et des roqueforts, jusqu'aux fins arômes des parmesans.

Le 2ᵉ pavillon en bordure de la rue Rambuteau, celui

des **Poissons,** avec ses deux viviers circulaires, sa puissante odeur de marée qui vous saisit à la gorge, ses harangères, à la carrure masculine, à la voix rauque est l'un des plus curieux. La Manche, la Mer du Nord,

Autour des Halles.

le Rhin, la Loire, la Seine, ont vomi là pêle-mêle les anguilles, les turbots, les thons gigantesques et visqueux, les brochets aux reflets d'acier, les carpes rousseâtres et mordorées, les maquereaux tachés de vert malachite.

Les Sous-Sols

Les sous-sols des Halles, qui s'étendent sous le bâtiment tout entier ne sont pas moins curieux à voir.
Pour les visiter, s'adresser à l'inspecteur principal, service de la préfecture de police, dans le bureau de chaque pavillon. Entrée principale, dans le bureau du Pavillon des beurres. Ces sous-sols donnent une impression de crypte silencieuse et froide, de charnier muet, dévorant dans sa nuit les détritus et les pourritures d'en haut. Partout des resseres grillagées pour conserver les marchandises.

Voir, sous le pavillon de la viande, les **cabocheurs** apprêtant les têtes de mouton. — Sous celui du beurre, les tables destinées au « maniottage » des beurres, c'est-à-dire au mélange des différentes espèces, opération analogue au coupage des vins.

A côté, les « mireurs d'œufs », inspectant les œufs par transparence à la lueur d'une chandelle (environ 1500 à l'heure).

Un peu plus loin, sous le pavillon de la volaille, de grandes tables de pierre, où l'on tue, où l'on plume, où l'on pare la volaille.

LE PÈRE COUPE-TOUJOURS

3, rue Montorgueil, près la pointe St-Eustache

UNE cuisine populaire, un restaurant de pauvres diables qui y mangent comme des rois. Un coin curieux de ce quartier des Halles qui forme à lui seul une cité, une ville à part, avec ses mœurs, ses habitants, ses types.

L'heure à laquelle il faut voir le restaurant populaire du Père Coupe-Toujours est midi ou six heures du soir.

Le Père Coupe-Toujours.

Le rosbif est énorme et tout jutant de sang rouge; les légumes sont bien cuits et superbes, et dans l'immense marmite qui contient 120 litres, le bouillon se mijote avec des abatis de volaille, répandant d'appétissantes et attirantes odeurs.

Le « Père Coupe-Toujours », armé de son grand couteau, a l'air solennel et barbare d'un sacrificateur. Il coupe, il coupe toujours les tranches de rosbif rose que ceux qui entrent reçoivent sur l'assiette qu'ils ont prise eux-mêmes sur le bout de la table.

Chez le « Père Coupe-Toujours », ni nappe, ni serviette, mais pas de pourboire non plus, et on dîne princièrement pour 4 sous, pour 8 sous; les millionnaires, ceux qui ont fait une brillante affaire, vont jusqu'à 12 sous. Et, après cette orgie, ils s'en retournent se coucher chez Fradin pour 4 sous ; et ils recommencent le lendemain, tant qu'ils trouvent 20 sous dans leur journée. Quand on ne les trouve plus, ces 20 sous qui sont la richesse de ces peaux-rouges et de ces juifs errants du pavé parisien, on les prend n'importe comment. Et ces principes sociaux, monnaie courante — c'est souvent la seule qu'il ait — de ce monde interlope et miséreux des Halles, expliquent pourquoi il y a tant de cabarets borgnes, tant de repaires, tant de maisons mal famées et de comptoirs de receleurs, tant de cambrioleurs, de voleurs, de souteneurs autour du « Ventre de Paris ».

SUR LA RIVE GAUCHE

Les dessous de Paris de la Rive gauche, ou quartier latin, n'offrent pas l'intérêt poignant de ceux que nous venons de voir autour des Halles.

Le fameux **Château-Rouge** n'existe plus, la place Maubert. — la célèbre Place Maub, — n'est plus très dangereuse aux heures nocturnes. C'est dans son voisinage qu'on trouve

Le Père Lunette

Rue des Anglais.

Une toute petite boutique peinte en rouge, avec des rideaux blancs discrets, et, comme enseigne, une énorme paire de lunettes. A ces apparences, ne vous effarouchez pas; ce n'est ni « une tolérance », ni un coupe-gorge ; c'est le cabaret artistique de « la Maubert ! »

Tout d'abord, dans une sorte de boyau étroit, le comptoir, où, depuis 60 ans déjà, ont trôné et fait fortune, bien des « pères lunette ». A gauche, des rangées de tonnelets enluminés grossièrement, et au-dessus, une petite galerie de portraits au crayon des personnages célèbres du bas du pavé parisien.

Un déclassé.

Mais le garçon vous a poussé dans l'unique salle du bouge, éclairée de deux becs de gaz clignotants... Tout d'abord, on éprouve une impression d'horreur et d'inquiétude. La salle, très basse de plafond, n'a que quelques pieds carrés. Autour de trois ou quatre tables avec bancs d'un confort douteux, s'agitent des silhouettes larvaires et énigmatiques d'individus en casquettes et de misérables créatures en haillons, sordides, édentées, contrefaites, bancales, qui, dès que vous êtes assis, vous harcèlent jusqu'à ce que vous leur ayez offert une consommation (de 20 à 30 centimes).

Mais vous n'avez pas encore distingué sur les murs, encrassés sous une couche de nicotine, et souillés de vapeurs d'alcool, les infâmes mais curieux barbouillages à l'huile qui constituent l'attraction de l'endroit ! Le « cicérone » de l'établissement vous en fera, moyennant finance, l'explication :

Les pieds sur un dos vert (un requin)
Une Vénus de la Maubert
Mise en sauvage,
Reçoit des mains d'un maquereau
Une cuvette pleine d'eau
Pour son lavage.
                [nous non plus !)
Cassagnac, on ne sait comment (ni
Arrive juste en ce moment,
Toujours sévère,
Et Gambetta plus libertin
Fixe ardemment sur la p...
Son œil de verre.

....

Un balluchard (un ouvrier) tout dé- [solé
Qu'un copain a dégringolé (a mis à
N'a plus de tringues (plus rien) [mal
Assis le cul sur le pavé
Il ne retrouve plus un livré (1 fr.)
Dans son morlingue (portemonnaie)
Mais dans le milieu du filou
Où la corde est bien près du cou
Tout n'est pas rose.
Au voleur pendu court et haut
Une potence sert bientôt
D'apothéose !

....

Mais voici, à gauche, le portrait d'un philosophe :

En costume de chiffonnier,
Diogène, vieux lanternier
Observe et raille,
Semblant tout prêt à ramasser
Les hontes qu'il voit s'entasser
Sur la muraille.

Puis des souvenirs historiques :

Sous ce parapluie étendu
Monseigneur Plom-P.om éperdu
N'est plus à l'aise.
Et flairant un nouveau danger,
Fait ce qui du verbe manger
Est l'antithèse.

Puis c'est un vieux type de la Maubert :

>Voici la reine des poivrots
>Buvant sans trêve, ni repos,
>C'est « Amélie ».
>Jadis cette affreuse guenon
>Etait une femme, dit-on,
>Jeune et jolie
>« A boire ! A boire ! Encore du vin ! »
>Jusqu'à deux heures du matin
>La soif la ronge...
>Et sous ses tétons aplatis,
>A la place du cœur parti
>Bat une éponge...

D'un naturalisme canaille, ces vers ont des vigueurs saisissantes et une couleur locale que n'eût pas dédaigné

Chez le Père Lunette.

« l'Auteur de l'Assommoir, » et de fait, Zola représenté la tête dans un verre à boire, a trouvé sa place ici !

Si l'auteur de ces légendes rimées est mort, l'artiste qui a illustré ce cabaret vit encore. C'est un vieil ivrogne qui, pour o fr. 5o, vous proposera des études au fusain, des natures mortes, d'une naïveté étrange, et trahissant un certain sentiment de la nature,

Pour le même prix, il vous fera votre portrait en 5 minutes.

C'est **après minuit**, la veille des dimanches et fêtes qu'il faut descendre chez le père Lunette. Jusqu'à deux heures du matin, des amateurs, hommes et femmes y chantent, et y boivent dru. On ne saurait s'imaginer les sommes fabuleuses qui ont été dépensées à ces 4 petites tables !

Les étudiants, les artistes, de riches étrangers, voire même les grands-ducs de Russie et le prince de Galles, ne dédaignent pas de descendre parfois en ce bouge, dont les manifestations artistiques grossières, ne sont pas après tout plus malsaines que les lascives exhibitions des revues du boulevard.

Les Bals-Musette et Bals de Barrière

Installés en général dans la boutique ou l'arrière-boutique d'un marchand de vin, les bals-musette réunissent d'ordinaire le **samedi soir** et le **dimanche après-midi**, les représentants de la colonie auvergnate et limousine de Paris : compagnons charpentiers, maçons, cimentiers, charbonniers : de solides gaillards, vêtus du large pantalon de velours, de la veste et du chapeau de feutre noir, tous animés du plus grand esprit de solidarité, et n'admettant guère que le « Parigot » (Parisien) s'immisce dans leurs réunions. Le tenancier d'un bal musette est toujours « un pays ».

Dans un Bal de barrière.

A côté de ces bals populaires, il existe encore quelques **bals de barrière (samedis et dimanches)**, fréquentés par des filles, des souteneurs et des repris de justice, parmi lesquels il est **dangereux** de s'aventurer sans être accompagné, — de préférence par un agent de la sûreté en bourgeois.

Bal-Musette de la rue Mouffetard
Samedis et Dimanches.   *20, rue Mouffetard.*

Installé au fond d'une cour, derrière la boutique d'un marchand de vin qui tient également en dépôt des produits d'Auvergne, tels que salaisons, andouilles, etc. Les compagnons charpentiers et les « lipètes » (ouvriers maçons) du quartier Maubert, viennent là danser la bourrée avec « la payse », tout en absorbant des litres à « seize ». Tantôt un biniou domine de ses notes aigües et mordantes le vacarme que font les gros souliers ferrés frappant frénétiquement le plancher, tantôt un accordéon faubourien reprend toujours le même air auvergnat, naïf et dolent, évoquant tant bien que mal la cornemuse du pays natal, surtout si l'instrument possède une crevasse dans son soufflet.

Les femmes que l'on rencontre au bras des « compagnons » sont pour la plupart de fortes et opulentes créatures, caractérisant à merveille la race débordante de sève dont elles sont issues, surtout excessivement belliqueuses, et se livrant entre elles à des « crêpages de chignons » redoutables.

Mais à côté de ces « payses » authentiques, nos malheureux auvergnats se laissent parfois ensorceler en ces lieux par des auvergnates originaires de la rue Mouffetard ou de la place Maubert, et qui ne sont autres que des vulgaires « marmites », travaillant pour le compte d'un monsieur en casquette.

Autres Bals-Musette

Les autres bals-musettes offrent un tableau et des scènes à peu près pareils ; voici les principaux :

Bal-Musette, rue Myrrha, fréquenté par les Auvergnats.

Bal-Musette, rue Colonceau (Auvergnats).

Bal-Musette, rue de la Chapelle (Auvergnats).

Bal-Musette, rue Coustou (Auvergnats). Dimanches et fêtes, lundis, jeudis, samedis. — Rue de la Tappe, 15, 21, 41, et 8 (gens du quartier, limousins, auvergnats, quelquefois des militaires. Public paisible, désordres rares).

Bal des Savoyards, boulevard de la Chapelle (Savoyards).

Bals de Barrière

La Tête de Cochon, boulevard de Ménilmontant.

Bal Anison, route de Flandre, angle de l'avenue de la République, à Aubervilliers (fréquentés par des souteneurs et des filles de la localité, Plaine Saint-Denis, Pantin, etc.)

Bal de la Boule Rouge, Plaine Saint-Denis, avenue de Paris, 2, le dimanche de deux heures à minuit (verriers et voleurs).

Bal des Alsaciens, route de Flandre, 16, à Pantin (majeure partie des Allemands).

Bal des Ours, rue du Landy, à Aubervilliers, près le pont de Soissons (majeure partie des Italiens).

Bal du Balcon, passage Thierré (assez mal fréquenté).

Bal Coriolis, rue Coriolis (mal fréquenté et mal réputé dans le quartier.

Bal à la Grâce de Dieu, 7, rue de Flandre (souteneurs et voleurs).

Bal des deux Canons, 138, rue de Flandre (même clientèle).

Bal Jolivet, rue Guisard (rendez-vous de malfaiteurs et souteneurs).

Bal de la rue Lecourbe, près du boulevard Garibaldi (mal fréquenté).

Bal de Gravilliers, rue des Gravilliers (un des plus connus et surtout fréquentés par des malfaiteurs, souteneurs et filles de bas étages).

Paris le Jour

Les Grands Boulevards

> L'étranger qui voudra tout de suite se familiariser avec la vie parisienne, en saisir la physionomie en se mêlant aux Parisiens et aux jolies Parisiennes, commencera par une promenade sur les boulevards, avec une ou plusieurs haltes sur la terrasse des grands cafés qui sont aujourd'hui presque tous transformés en brasseries luxueuses.
>
> Les Parisiens passent une partie de leurs heures de loisir au café. C'est au café-brasserie que le boulevardier déjeune, reçoit ses amis, joue aux cartes et au billard, lit les journaux, fait sa correspondance, et revient souper après le théâtre. De 5 h à 7 h, — l'heure de l'absinthe. — il est bien difficile de trouver une place sur la terrasse aux tables de l'extérieur.
>
> Une demi-tasse coûte de 40 à 50 centimes. Un " mazagran ", café servi dans un verre, *nature* ou avec *lait*, même prix. Fine-Champagne. de 1 fr. à 2 fr. le petit verre. Bière, le bock (1/4) : 30 à 40 centimes. ; le 1/2 : 50 centimes ; œufs durs : 10 à 15 centimes pièce.
>
> La soucoupe enlevée ou retournée par le garçon indique qu'on a payé sa consommation. — Vérifier soigneusement la monnaie rendue. — Chasseur (pour faire les courses, aller chercher une voiture. etc, etc.) ; téléphone ; timbres-poste, et départ du dernier courrier affiché. - A 5 h du soir, la plupart des cafés donnent le résultat des courses.

Les Grands Boulevards que le Parisien appelle « Le boulevard », s'étendent en demi-cercle, de l'église de la Madeleine à la place de la Bastille ; mais le vrai grand boulevard, le « boulevard » par excellence, cette promenade unique dont le nom est connu du monde entier, ne comprend en réalité que l'espace qui s'étend de la *Place de la Madeleine* au théâtre du *Gymnase*.

Au-delà, c'est l'inconnu, la province, la barbarie.

Le boulevard, c'est l'endroit amusant et charmant où Paris reçoit ses hôtes. C'est sur le boulevard que l'étranger rencontre ses compatriotes ; des Japonais si l'on est Japonais, des Moscovites, si l'on vient de Moscou, des Yankees si l'on arrive des États-Unis.

Toutes les nations du globe se donnent rendez-vous dans ses cafés et ses brasseries dont les petites tables de marbre blanc ourlé de cuivre doré débordent sur le trottoir.

Le cœur de Paris bat au boulevard, lançant la vie, comme dit Delveau, et la recevant tour à tour dans un éternel circulus qui émerveille.

ON VOIT DÉFILER PARIS

Quelle animation ! quelle gaieté, de 2 heures de l'après-midi jusqu'à 2 heures du matin !

En s'asseyant **à la terrasse** d'un café ou d'une brasserie, ce sont tous les personnages de la Comédie humaine, tout Paris qui passe sous vos yeux : les

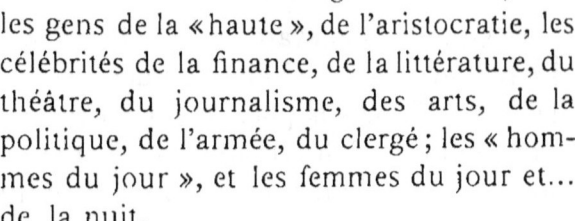
Un « Trottin ».

hommes, les femmes, les enfants ; toutes les classes de la société, les riches, les pauvres, les ouvrières en cheveux et les grandes dames en chapeau, les petites modistes rieuses avec leur grand carton, tous les gens de la « haute », de l'aristocratie, les célébrités de la finance, de la littérature, du théâtre, du journalisme, des arts, de la politique, de l'armée, du clergé ; les « hommes du jour », et les femmes du jour et... de la nuit.

Un « Camelot ».

Voici un compositeur célèbre qui sort de la répétition de sa nouvelle œuvre à l'Opéra Comique. Puis c'est un reporter du *Figaro* qui s'attable presque à côté de vous avec une petite actrice, une cabotine de huitième ordre, qui lui raconte qu'elle vient d'être engagée dans un théâtre du Boulevard.

Comme elle n'a pas d'autre talent que celui d'être jeune et jolie, et de bien porter la toilette, le Figariste lui demande :

— Et combien te donne-t-on ?

— Cinq louis par soirée...

— Après le spectacle ?

L'esprit du boulevard est tout entier dans cette demande et cette réponse.

Autre exemple :

Derrière vous, ce sont deux hommes de finances qui viennent s'attabler. Ils parlent de leurs affaires.

Le joufflu dit à l'autre, au maigre :

— Ce coquin de J... est bien le plus adroit et le plus grand voleur de la Bourse...

Un consommateur voisin qui connaît et qui a entendu le gros, l'homme qui parle, lui répond :

— Oh ! Mon cher, vous vous oubliez.

Ainsi naissent les mots, les réparties boulevardières qu'on lit le lendemain dans les journaux.

Petit Italien.

Au boulevard se concentrent les cancans de Paris.

Écoutez ce que ces deux fonctionnaires se racontent : Tu ne te doutais pas que M..., chez qui nous avons dîné la semaine dernière, entretenait des relations plus que diplomatiques avec la femme de chambre de sa femme. Le trouvant hier en conversation intime avec Julie, Madame M... dit à celle-ci : « Allez-vous en, ma chère, pour ce que vous faites ici, je le ferai bien moi-même... » C'est elle qui me l'a raconté. M. est furieux contre sa femme ! »

LE RENDEZ-VOUS DE LA " HAUTE-NOCE "

Une Parisienne.

LE Boulevard est aujourd'hui le lieu de prédilection et de parade, le rendez-vous général de ceux qui, sous François Ier, s'appelaient les *Muguets*; sous Charles IX et Henri III, les *Mignons*, sous Louis XIII et Louis XIV, les *Rois* de la Mode ; sous la régence et sous Louis XV, les *Roués* ; sous Louis XVI, les *Beaux* et les *Freluquets ;* sous la Convention, les *Muscadins*, sous le Consulat, les *Petits Maîtres* et les *Merveilleux*, sous la Restauration, les *Élégants*, sous Charles X, les *Dandys*; en 1840, les *Lions* ; en 1850, les *Gandins;* en 1852, les *Cocodès*, puis les *Gommeux*, les *Étoilés*, les *Crevés*, et actuellement les *Noceurs*, les *Fêtards* et les *Vieux-Marcheurs*.

Le Boulevard remplace, dans la vie galante de Paris, les anciennes galeries du *Palais-Royal*, où les *Merveilleuses* du Directoire pratiquaient sur une si large échelle les jeux de l'amour et du hasard.

Les courtisanes y ont droit de cité; et dans la plupart des cafés, elles vont s'attabler seules.

Un collégien qui prenait un jour une consommation avec son papa, intrigué de voir une de ces dames attablée seule depuis une demi-heure interrogea l'auteur de ses jours :

— Cette dame toute seule que fait-elle là ?

Une Boulevardière.

— Mon fils, c'est une dame qui attend quelqu'un...
mais elle ne sait pas qui...

C'est toi qu'elle attend, c'est toi qu'elle guette,
ô riche et généreux étranger ! Elle sait que tu n'arrives pas à Paris pour aller au sermon et à confesse,
et que si ta bourse est bien garnie c'est pour bien
t'amuser. Tu peux la prendre pour professeur de
plaisir ; ses leçons particulières t'enseigneront l'expérience de la vie.... parisienne. Tu peux la prendre
aussi pour guide, elle te fera connaître de Paris les
coins les plus secrets et les plus chers, tous les gouffres charmants, où je te souhaite ne pas trop t'attarder. Si tu la prends pour pilote, **ouvre** bien l'œil,
et passe en regardant, en observant, en t'amusant
mais ne te laisse pas hypnotiser par le chant de la
sirène, et n'oublie pas que le but des sirènes de la
Seine est de faire naufrager les navigateurs pour se
partager leur portefeuille.

LE BOULEVARD DE LA MADELEINE
(De la place de la Madeleine à la rue Cambon.)

C'EST l'ouverture des grands boulevards. Du vaste
perron de la Madeleine, qui domine la place, on
a devant soi la rue Royale, qui débouche sur la
place de la Concorde, où se dressent l'Obélisque et
les fontaines jaillissantes ; et plus loin encore, la colonnade de la Chambre des Députés. Aucune ville
au monde n'a ce décor de grandiose magnificence.

En montant le boulevard, nous laissons à droite le
magasin de nouveautés des *Trois-Quartiers* et la
confiserie Gouache.

Du côté gauche, aboutissent au boulevard les
rues Vignon, Godot-de-Mauroy et de Seize (exposition de tableaux, galerie Petit).

LE BOULEVARD DES CAPUCINES

(*A gauche :* De la rue Caumartin à la rue de la Chaussée-d'Antin ;)
(*A droite :* De la rue Cambon au Pavillon de Hanovre.)

Succédant à celui de la Madeleine. A gauche, l'*Olympia* et la *Taverne de l'Olympia*.

Terrasse du Café de la Paix.

Presque en face, le petit *Théâtre des Capucines*, où viennent chanter, pour le public select, les chansonniers des cabarets de Montmartre.

Après le magasin *Goupil*, le *Cinématographe Lumière*, et le *Grand Café*.

Nous passons ensuite devant le *Jockey-Club*, les merveilleuses fleurs de *Labrousse*, le bureau de postes du *Grand Hôtel*, et le *Café de la Paix*, au coin de la place de l'Opéra, d'où partent cinq des plus belles rues de Paris : à droite de l'Opéra, la rue Halévy conduit à la Chaussée-d'Antin et à la Trinité ; à gauche la *rue Auber* va jusqu'à la gare St-Lazare ; en face de l'Opéra, vous avez à gauche la rue du 4 Septembre conduisant à la Bourse (où le télégraphe est ouvert toute la nuit) ; au centre, l'avenue de l'Opéra ; et à droite la rue de la Paix.

LA RUE DE LA PAIX

Elle mène à la place Vendôme, où se dresse la Colonne (avec la statue de Napoléon en César), renversée par la Commune en 1871. L'*Hôtel Ritz* est installé dans un des palais de la place. Ses five o'clock rivalisent d'élégance avec ceux du Café de Paris.

La Rue de la Paix est une des plus belles rues de Paris. Il faut la voir de midi à 1 heure, au moment où les petites ouvrières sortent des ateliers des grands couturiers et animent de leurs groupes rieurs, de leur grâce juvénile, de leur gaieté d'enfants du peuple la solennité de cette rue de riches, aux magasins aristocratiques, tout étincelants de diamants et de bijoux. —

Petites Ouvrières.

De 3 heures à 5 heures, c'est le grand défilé des voitures de maître. De tous ces équipages qui se pressent aux portes de Worth et de Paquin, descendent d'élégantes Parisiennes, des grandes dames du monde et du demi-monde, qui dépensent bon an mal an une centaine de mille francs pour leur toilette.

Dans les salons où elles vont se

Un Salon d'essayeuse.

livrer à de longs et savants essayages, il y a de belles et grandes jeunes filles, à la taille svelte, qui essayent sur elles-mêmes, pour en montrer l'effet, les manteaux de velours, les sorties de bal. On appelle ces demoiselles des « mannequins » ; et elles sont pleines d'enchantements pour l'œil.

AVENUE DE L'OPÉRA

Aboutit, d'un côté, au Théâtre-Français, au Palais Royal, aux Magasins et aux musées du Louvre, et de l'autre côté, à la place du Carrousel (Monument Gambetta), et au jardin des Tuileries. — L'avenue de l'Opéra, où se trouvent l'agence des Wagons-lits, l'agence Cook, le Cercle Militaire, le Café de Paris, est surtout animée de 4 à 6 heures. Les beaux magasins, les hôtels, les cafés s'y succèdent.

Rien de plus amusant que de voir, par une journée de vent et de pluie, courir, à travers la place de l'Opéra, les jeunes Parisiennes qui relèvent bravement leurs jupes, comme si elles étaient à la campagne. Il est vrai qu'elles montrent les plus jolis petits pieds qu'on puisse rêver... Et à Paris, le vent même est galant !

A l'avenue de l'Opéra.

Au bout du boulevard des Capucines, le théâtre du *Vaudeville* à g. et à dr. le *Café Napolitain*, où se réunissent vers 6 heures les littérateurs et les journalistes du boulevard.

LE BOULEVARD DES ITALIENS

(*A gauche :* Du Pavillon de Hanovre à la rue de Richelieu ;
A droite : De la rue de la Chaussée-d'Antin à la rue Drouot.)

Si le cœur de Paris est aux boulevards, le cœur des boulevards est ici, où l'affluence de flâneurs et d'étrangers est le plus considérable.

Sur le boulevard des Italiens, — l'ancien boulevard de Gand, — se trouvent, à g., le restaurant Paillard, (après le théâtre du Vaudeville), et à dr. l'orfèvrerie

Le Boulevard.

Christofle installée dans le pavillon de Hanovre bâti en 1760 par le maréchal de Richelieu.

Un peu plus loin, à droite, c'est *Potel* et *Chabot*, les marchands de comestibles et de fruits. A g., c'est le gai théâtre des *Nouveautés* et presque en face, à dr., après la rue de Choiseul, le *Crédit Lyonnais*, où le passant peut lire à toutes les heures du jour les télégrammes politiques et financiers du monde entier, les cours du change et de la bourse, etc.

Sur le trottoir de g., s'ouvre la rue *Taibout*, puis c'est la *Maison-Dorée* et la rue *Laffite* (au 21, hôtel de Rotschild); le *Café Riche*, installé dans le somptueux palais de la New-York ; la *Taverne Pousset*, richement décorée; la rue Le Peletier et l'ancien passage de l'Opéra conduisant à l'Hôtel des Ventes. Sur le côté dr. après le Crédit Lyonnais et l'office des théâtres, c'est le *Café anglais* et la rue Favart conduisant au nouvel *Opéra-Comique*. La pâtisserie Favart est le rendez-vous des Parisiennes, l'après-midi.

Après la rue Favart, c'est le *Passage des Princes*, (restaurant *Noël-Peters*), puis l'hôtel du journal le *Temps*, feuille la mieux informée de Paris (paraissant à 5 heures 1/2 du soir, prix 15 centimes).

A l'angle de la rue Richelieu, en face de la rue Drouot où se trouvent l'*Hôtel des Ventes* (de 2 à 7 heures) et l'*Hôtel du Figaro* (de midi à 2 heures), le *Café Cardinal*, dont la clientèle se compose surtout de journalistes du boulevard.

LE BOULEVARD MONTMARTRE

(*A gauche :* De la rue Drouot à la rue du Faubourg Montmartre ;)
(*A droite :* De la rue Richelieu à la rue Montmartre.

A G., salle des dépêches du journal le *Petit Parisien*. Public curieux, photographies et dessins d'actualité non moins curieux. Puis c'est la *Brasserie Zimmer*, le *Café Mazarin*, le *Petit Casino* qui précède le *Passage Jouffroy*, correspondant de l'autre côté du boulevard, au *Passage des Panoramas*. Près du passage Jouffroy, les suggestives affiches du *Musée Grévin*. En face du Musée, le *Théâtre des Variétés*, le *Café des Variétés*, la *Brasserie Ducasting* et le *Café de Suède* ; par la *rue Vivienne*, on est tout de suite à la Bourse (ouverte de midi à 3 heures).

« Un mot, Mademoiselle !... »

LE BOULEVARD POISSONNIÈRE.

(*A gauche* : De la rue du Faub. Montmartre au Faub. Poissonnière.)
(*A droite* : De la rue Montmartre à la rue Poissonnière.)

Du côté gauche, la Taverne *Brébant* ; en face, du côté droit, *Parisiana* ; un peu plus haut que Brébant, et en face du magasin de bronzes d'art de *Barbedienne*, l'hôtel où habite Mme de Rute (Mme Ratazzi), à laquelle a été offert, en 1897, par la Ville de Paris, lors de son mariage avec M. de Rute, une chemise en quelque sorte historique, garnie de valenciennes, d'une valeur de 60,000 francs.

Sur le boulevard **Bonne Nouvelle**, qui termine ce qu'on appelle le « Boulevard », nous remarquons le restaurant *Notta*, le *Théâtre du Gymnase*, la verdoyante et fraîche terrasse du restaurant *Marguery*, les vastes magasins de la *Ménagère*, immense bazar de tous les ustensiles de ménage et de voyage.

Sur le côté droit, le *Chocolat Prévost* où tout Paris va, à la sortie des théâtres, se faire servir une tasse de chocolat ; à l'entrée de la rue de la Lune, la célèbre boutique : « *à la Renommée des brioches* » et tout un choix de brasseries de femmes.

Plus loin c'est la *Porte et les boulevards St-Denis* et *St-Martin*, le restaurant *Maire*, le *Café Français* et le *Café de France* ; le boulevard de Strasbourg aboutit à gauche à la gare de l'Est et conduit du côté opposé jusqu'à la place du Châtelet, au boulevard St-Michel et à Montrouge (*Tramway*).

Sur le *boulevard Saint-Martin*, allant jusqu'à la *place de la République*, les théâtres de la *Renaissance*, de la *Porte-Saint-Martin*, de l'*Ambigu*, et des *Folies Dramatiques*. Au-delà de la *Place de la République*, les boulevards du *Temple* (Théâtre Déjazet), des *Filles du Calvaire* (Cirque d'Hiver), de *Beaumarchais* conduisent à la *Place de la Bastille* et à la *Gare de Lyon*.

Le Boulevard Saint-Michel et le Quartier Latin

> La Seine divise Paris en deux : la rive droite et la rive gauche.
> La rive gauche, qui commence à la place Saint-Michel, — la Cité, le berceau de Paris, avec le Palais de Justice, la Sainte-Chapelle et Notre-Dame, étant comme un trait d'union entre les deux rives, — la rive gauche comprend le vieux quartier de l'Université, la Montagne Sainte-Geneviève, le faubourg Saint-Germain, avec les Gobelins, etc.
> Deux mondes bien différents, deux continents opposés, que l'étranger explorera sur ces deux rives du fleuve, si proches pourtant !

La rive droite de la Seine, spéciale au monde de la finance, comprend la place de la Bourse, les rues Laffitte, Le Pelletier, Taitbout. Les affaires commerciales se traitent au Marais et au Sentier.

Au demi-monde appartiennent le Quartier de l'Europe, la Chaussée-d'Antin, Notre-Dame-de-Lorette, la place Blanche, la place Pigalle. Au grand monde, les Champs-Élysées, le Parc-Monceau, Saint-Augustin, etc.

La rive gauche est la rive studieuse. C'est surtout le *Quartier latin*, c'est-à-dire des écoles, le quartier de l'aristocratie de l'intelligence, sinon de la fortune. Là se trouvent le Collège de France, la Sorbonne, Cluny, le Luxembourg, le Panthéon, le Jardin des Plantes, l'Observatoire, les Gobelins, et du côté opposé, les Ministères et la Chambre des députés.

Le cœur de la rive gauche, l'artère palpitante de ce « Cerveau de Paris », c'est le boulevard Saint-Michel, le « Boul'Mich », comme on l'appelle au « quartier latin ». Il symbolise à la fois la vie laborieuse et la vie joyeuse.

Le Boul'Mich proprement dit comprend cette partie animée du boulevard qui va de la place Saint-Michel au jardin du Luxembourg, et qui est tout particulièrement fréquentée par les étudiants. Il doit sa physionomie originale, non seulement aux types curieux que l'on y rencontre, aux scènes de « jeunesse et d'amour » qu'on y voit, mais encore aux cafés qui, avec leurs petites tables rangées jusqu'au milieu du trottoir, lui donnent un cadre si vivant.

Un peu plus haut que Cluny, sur le trottoir de gauche, c'est le *Soufflet*, le café « *chic* », où l'on ne voit que polytechniciens dans leur uniforme, officiers de garnison de passage à Paris, fervents de la partie de wisth et de tric-trac, étudiants grecs, roumains, russes, serbes et allemands qui y lisent les journaux de leurs pays.

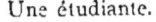
Une étudiante.

Le soir, les petites tables extérieures du Soufflet se garnissent des demi-mondaines les plus lancées de la rive gauche.

En face, c'est le *Vachette*, le café des « rastas », des exotiques, des Chiliens, des Péruviens, des Argentins, des riches nègres et des fils de famille de province, amateurs de *pocker* et de *baccarat*. Là, la bière est brune et blonde, comme les beautés que l'on y rencontre.

Dans la rue des Écoles, un peu plus haut que le Vachette, à droite, c'est la brasserie *Balzar*, où la bière et la choucroute sont exquises, et où les femmes qui s'abattent aux heures tardives de la soirée le sont moins.

Juste en face du Balzar, la *Lorraine* à la fois restaurant, café-brasserie, et exposition permanente de tableaux vivants au choix des amateurs. Orchestre. **C'est vers minuit**, au retour de Bullier qu'il faut aller faire un tour à La Lorraine. Dans la galerie du premier étage, les petites chattes aux minauderies

Regagnant le " quartier ".

charmeresses assaillent le client nocturne de rires et de quolibets, et s'installent, bon gré, malgré, à côté de lui, se font payer bock et sandwich, et bientôt... s'éclipsent pour aller recommencer ailleurs leur manège... innocent — ou non.

En remontant le boulevard, un peu plus haut que le Vachette, c'est *La Source*, café des étudiants en droit, en médecine, et aussi celui des bruyants méridionaux, grands culotteurs de pipes. Les femmes non accompagnées n'y sont pas admises.

Le *Steinbach*, entre la Source et le d'Harcourt, est le café sérieux du Boul'Mich': rarement des dames seules; de graves consommateurs y dégustent avec délices, en des cruches de grès, la bière authentique de Munich.

Le *Steinbach* est une paisible salle d'étude en comparaison du *café d'Harcourt*, son voisin, si bruyant, si tumultueux même. (En 1893 le jeune Nuger y fut tué, lors des troubles du quartier). Bourse d'Amour dès cinq heures du soir qui se prolonge jusqu'à deux heures du matin.

En remontant encore du côté du Luxembourg et de Bullier, on rencontre la *taverne du Panthéon*, qui s'ouvre sur la rue Soufflot, en face du Jardin du Luxembourg. C'est le café le plus richement décoré, et le plus « *select* » du quartier latin, et qui rappelle le mieux les cafés des grands boulevards, avec ses ors, ses mosaïques, ses peintures, son *Bar américain* et ses cabinets très... particuliers.

Presqu'en face du café du Panthéon, rue Soufflot à dr., le *Muller* où l'on fait le soir de la musique bruyante.

L'été, ce coin du boulevard, point de croisement d'un grand nombre de communications (omnibus, tramways à chevaux et à vapeur) est très animé et très pittoresque. C'est la porte du Luxembourg.

Il reste à signaler le café *Mahieux*, au coin de la rue Soufflot (sérieux) et un peu plus loin le *Café François Ier*, où Verlaine, — le poète bohème du quartier latin — but bien des absinthes, et composa bien des chefs-d'œuvres.

Le soir, le Boul'Mich' se métamorphose, et à mesure que la nuit s'avance, l'animation devient plus grande.

Le Jardin du Luxembourg

> Boulevard Saint-Michel et rue de Vaugirard ; 3 entrées principales, dont une derrière le Théâtre de l'Odéon et une autre à côté du Musée de Peinture et de Sculpture du Luxembourg. Ouvert du matin au soir. Plus animé de 5 à 7 heures. Monuments des poètes Banville, Murger Leconte de Lisle et Sainte-Beuve ; des peintres Watteau et Delacroix.

Le Luxembourg est resté le jardin de la jeunesse, des poètes, des peintres, des étudiants et des « étudiantes ». Et certes il manquerait quelque chose à la vie du quartier latin, si le Luxembourg n'existait pas. C'est une sorte de petit paradis terrestre, et à la vérité les filles d'Ève n'y font pas défaut.

Le véritable Luxembourg, gai, vivant, le Luxembourg de la jeunesse, c'est le Luxembourg de la Terrasse.

Lorsqu'en juin les marronniers ont formé un vaste dais de verdure, et jeté sur les allées une ombre propice, chère aux amants, les petites femmes semblent y fleurir comme autant de roses à cueillir.

Et combien d'amours ébauchés au pied de la Velléda de Maindron, et qui se terminent à Bullier... et ailleurs ! Et, dame, ils ne sont pas toujours « select » ces amours. Dès septembre, le Luxembourg est le rendez-vous des nouvelles débarquées de province, — « l'arrivage des huîtres » — qui viennent pour la première fois tenter fortune à Paris. Elles trouvent là dans l'étudiant, avec un amant, un protecteur, et un initiateur. *Combien de jolies danseuses*, qui aujourd'hui ont un nom et un coupé, ont débuté par une promenade au Luxembourg !

L'heure de la Musique.

L'heure pittoresque et amusante du jardin du Luxembourg, c'est l'*heure* de la *musique,* les mardis, vendredis et dimanches, de quatre à cinq heures.

La foule défile dans les allées, tourne autour du grand kiosque, comme en une ronde bariolée. Les lazzis et les rires partent de tous côtés. Les propos tendres s'entrecroisent avec des discussions sur la chimie ou la mécanique. Sur les chaises rangées en ligne ou disposées en petits cercles, des groupes plus calmes semblent tenir un salon en plein air.

La vie du quartier latin se montre et se révèle ici, pour qui sait observer, en des scènes caractéristiques.

La *grisette* de Mürger s'appelle maintenant l'« *étudiante* » ; elle porte des robes de soie, — elle qui ne connaissait jadis que des lainages à 10 sous le mètre ; elle porte des chapeaux à plumes de 30 à 60 francs, elle qui, du temps de Béranger, n'allait qu'en cheveux ou, dans les grands jours, en bonnet de batiste !

Sur la place Saint-Michel.

Sur la Seine

PROMENADE EN BATEAU

Si, lors de votre séjour à Paris, vous voulez utiliser une après-midi d'une façon originale et intéressante, livrez-vous au plaisir et à l'inattendu d'une promenade en bateau sur la Seine, entre le pont d'**Austerlitz** et le viaduc d'**Auteuil**. Vous trouverez dans ce petit voyage dont le cours ne vous paraîtra pas trop long, l'illusion d'une petite navigation sur quelque steamer, illusion que vous rendra encore plus parfaite le coquet aménagement des nouveaux bateaux de la Compagnie parisienne, avec salon, fumoir, passerelle. Embarquez-vous au **pont d'Austerlitz**, à l'extrémité du Jardin des Plantes : une pancarte bleue, placée à l'entrée du ponton vous indiquera la direction d'Auteuil et n'ayez crainte d'arriver jamais en retard ; les départs s'effectuent toutes les 10 minutes : et même, si vous êtes matineux, en été dès 5 heures, en hiver dès l'aurore, vous pourrez prendre passage pour le prix modique de 0 fr. 10 en semaine, et de 0 fr 20 les dimanches et fêtes. Vous pouvez même venir en bateau, d'une station quelconque de la Seine jusque là, pour redescendre avec le même bateau.

Aussitôt que les amarres auront été détachées, et que l'hélice aura fait son premier tour, ouvrez bien vos yeux, en les reportant d'une rive à l'autre.

Si Venise a le Grand Canal, si là, vous avez vu, entre deux lignes de palais magnifiques, plongeant leur pied dans les eaux bleues, s'ébattre une joyeuse et insouciante flottille de gondoles barioleés, à Paris, la Seine, sur une longueur de 10 kilomètres, sillonnée en chaque sens par nos rapides petits vapeurs, qui se glissent adroitement entre les remorqueurs et les chalands, avec ses berges encombrées de tonneaux, de pyramides de pierre, de troncs d'arbres équarris, avec sa population de débardeurs noircis par le hâle et le charbon et de pêcheurs mélancoliques, avec ses attelages laborieux, ses grues grinçantes, profilant sur le ciel leurs bras obliques, avec ses brusques tournants qui donnent encore plus d'imprévu, et une grandeur encore plus saisissante au tableau changeant des rives, la Seine, dis-je, vous offrira des sensations infiniment variées dans l'admirable fantasmagorie de son décor.

Les pêcheurs.

La Seine reflète l'histoire de Paris comme la Tamise reflète l'histoire de Londres.

Notre petit voyage ne comprend pas moins de douze escales : *Pont-de-Sully*, *Ile-Saint-Louis*, *Hôtel-de-Ville*, *Châtelet*, *Louvre*, *Pont-Royal*, *Concorde*, *Alma*, *Trocadéro*, *Passy*, *Grenelle* et *Auteuil*.

Voici depuis notre point de départ, le pont d'Austerlitz, ce qu'on voit sur les deux rives de la Seine :

A DROITE

A côté du Panorama de la Bastille, s'ouvre la gare de l'Arsenal, premier bief du canal Saint-Martin qui se dirige au nord vers la Vilette et Saint-Denis. Ce bief est très animé, toujours encombré de chalands de toute taille et de toutes formes, d'où l'on débarque surtout les plâtres, les chaux, les ciments de la Champagne et du Vexin. Au point où la gare de l'Arsenal débouche dans la Seine s'élevait jadis la Tour de Billy. Là se terminait l'enceinte du nord de Paris, qui rejoignait la Bastille, à peu près à l'endroit où nous voyons, de loin, se dresser la colonne de Juillet.

Voici l'**Estacade** qui relie le quai Henri IV à l'île Saint-Louis. Au pied de l'île le bateau s'arrête pour la première fois. A travers la pittoresque charpente de l'Estacade, vous entrevoyez le vieux port du Mail avec ses bateaux chargés de pommes, et la tour carrée de Saint-Paul. C'est là le quartier du Marais, tenant encore son nom du marais où le Gaulois Camulogène embourba César. Au moyen âge, le Marais était peuplé d'hôtels princiers

A GAUCHE

Le Jardin des Plantes et le quai Saint-Bernard. Sur la berge vous distinguez l'Entrepôt des moulins de Corbeil, et l'amorce des travaux du chemin de fer d'Orléans prolongé jusqu'au cœur de Paris. Sur le quai, après le Jardin des Plantes, la Halle aux vins, établie en cet endroit depuis 1662. Le port Saint-Bernard est l'un des plus anciens ports de Paris.

Dant cette portion comprise entre le pont d'Austerlitz et le pont de Sully, c'était au moyen-âge, le paisible faubourg Saint-Victor, peuplé de monastères et d'abbayes, à l'entrée de la vallée de la Bièvre, alors très pittoresque, aujourd'hui canalisée.

Après le **pont de Sully**, le pont de la Tournelle, où commence le quai du même nom. C'était là l'extrémité orientale de l'enceinte de Philippe-Auguste, commandée par la forteresse de la Tournelle. Le bateau passant devant le petit bras du fleuve qui n'est fréquenté que de la batellerie et contourne alors l'**île de la Cité**.

Vous avez aperçu de loin, tout à l'heure, au-dessus

A DROITE — A GAUCHE

comme l'hôtel Saint-Pol, de Sens, de Jouy, etc.

L'île Saint-Louis donne encore aujourd'hui, avec ses maisons anciennes, et sa petite église, l'illusion du Paris d'il y a deux siècles.

A la pointe occidentale de l'île, au bas du quai d'Orléans, sur la berge, jadis nue, on commence à planter des fusains, des lauriers et à dessiner des parterres. L'embellissement des quais de Paris est une des principales préoccupations de nos édiles, et l'on parle beaucoup en ce moment d'établir sur toutes les berges demeurées libres, des squares, de sorte qu'en moins de deux ans, les eaux de la Seine, déjà plus pures depuis que le collecteur d'Asnières rassemble les égouts, couleront entre deux parterres de fleurs.

Continuant sa course, le bateau nous rapproche de nouveau de la rive droite de Paris, que nous avions quittée à l'Arsenal, et bientôt apparaît devant nous l'**Hôtel-de-Ville**, qui, quoique très somptueux, fait regretter celui que le pétrole de la commune a détruit et qui avait été bati par François Ier.

Les maisons du quai de Gesvres nous cachent la **Tour Saint-Jacques**, du vieux Saint-Jacques, la Boucherie, dont les quatre

des maisons de l'île, le chevet de Notre-Dame, avec ses contreforts articulés, tout petit et en un seul tas, semblable à la carapace vide d'un crabe grisâtre.

Le bateau longe la **Morgue**, et, devant la hauteur du parapet que domine ce bâtiment, vous vous imaginerez raser, dans une frêle embarcation, la poupe d'un navire gigantesque. Et en effet, l'**île de la Cité** est faite comme un grand navire échoué au milieu de la Seine. Cette forme de vaisseau avait frappé les scribes héraldistes, et l'on doit peut-être y voir l'origine du navire qui blasonne le vieil écusson de Paris. C'est dans cette enceinte si étroite qu'est la Cité, qui pourtant au moyen-âge ne renfermait pas moins de vingt-et-une églises de tous les styles, et dont il ne reste que deux : Notre-Dame et la Sainte-Chapelle.

Un peu plus au nord, sur le quai aux fleurs, s'élevait une maison, illustrée par **Héloïse et Abélard**.

Voici, après le pont d'Arcole, l'**Hôtel-Dieu**, qui dans sa spacieuse et lumineuse construction moderne, rappelle si peu ce qu'il était jadis, alors qu'il dressait, sur le côté sud de l'île une façade ridée et couverte de lèpres.

Sur le quai aux fleurs,

A DROITE

monstres juchés aux quatre coins de la plate-forme, ont l'air, comme dit Victor Hugo, de quatre sphinx qui donnent à deviner au nouveau Paris l'énigme de l'ancien. Pascal a illustré cette tour par ses expériences. Aujourd'hui c'est un observatoire météorologique.

Au **Pont-au-Change**, la place du Châtelet. A droite le Théâtre Sarah-Bernhardt, A gauche, le théâtre du Châtelet.

Tout ce quartier était jadis l'un des plus infects de Paris.

Aujourd'hui les Halles ont remplacé cet enclos immonde de la vieille Tuerie, de la vieille Écorcherie, où nuit et jour on égorgeait le bétail et souvent même les passants.

Après le Châtelet, le quai de la **Mégisserie** (autrefois de la Saunerie, construit en 1370), avec ses étalages de marchands d'oiseaux, d'articles de chasse, de sport et de pêche.

Derrière un pâté de maisons, c'est **Saint-Germain l'Auxerrois**, dont le décor intérieur s'est ressenti du voisinage du Louvre. Cette église a sa place dans l'histoire : son tocsin donna le signal de la Saint-Barthélemy. Une de ses cloches a été donnée à l'Opéra, où elle sonne le glas dans les *Huguenots*.

A GAUCHE

sur celui de la Cité, et sous les toits élégants du **Marché aux fleurs**, c'est, en certains jours de la semaine, une débauche de roses, de chrysanthèmes, de violettes, d'arbustes verts, de plantes rares, qui jettent, au matin, leurs notes vives et gaies, et que remplace le dimanche, une ménagerie bruyante d'oiseaux, de lapins, de petits chiens, d'écureuils, de souris blanches. A côté du marché aux fleurs, le Tribunal de Commerce.

Après le Pont-au-Change, dont le nom vient des changeurs qui y avaient installé leurs boutiques au Moyen-âge, nous sommes en face du Palais de Justice et de la **Conciergerie**, qui assoyent au bord de l'eau leur groupe de tours, — la grosse tour carrée de l'Horloge, à l'angle du quai et du boulevard, et les deux tours rondes, — et que domine la svelte et légère aiguille de la **Sainte-Chapelle**.

Nous voici arrivés à la proue du navire de la Cité, décorée, comme une trirème antique, de la légendaire statue de Henri IV, et devant laquelle s'avance comme un éperon fleuri, le terre plein du Pont-Neuf. Nous avons laissé de l'autre côté de la Cité, le long du petit bras, les rives du pays latin, avec ses églises si véné-

A DROITE

Le **Louvre** devant lequel le bateau s'arrête, renferme les plus grands trésors d'art du monde.

Au **Pont Royal**, les guichets du Louvre laissent entrevoir l'immense place du Carrousel, que décore d'un côté le **monument de Gambetta**, de l'autre un arc de triomphe.

Voici maintenant la terrasse du **Jardin des Tuileries**.

Que de souvenirs ici ! Aujourd'hui, au milieu des bonnes d'enfants, s'ébattent joyeusement les fils de notre bourgeoisie, là où jadis languissait l'enfance oisive et triste des héritiers du trône. Le Palais des Tuileries, bâti par Catherine de Médicis, où Louis XVI termina son malheureux règne et d'où l'impératrice Eugénie dut s'enfuir précipitamment après la capitulation de Sedan et la proclamation de la République, a été brûlé par la Commune de 1871.

Le bateau passe ensuite devant la **place de la Concorde**, qu'on devine mais qu'on ne voit pas, avec les beaux hôtels à colonnes du ministère de la Marine et de l'Automobile-Club, et au bout de la rue Royale, la Madeleine, digne pendant de la Chambre des députés. Non loin, à gauche, de l'*Obélisque*, se trouve,

A GAUCHE

rables : Saint-Julien-le-Pauvre et ses pleins-cintres romans, et Saint-Séverin avec ses gothiques ogives ; la vieille université, et son sol montueux, et sa rue Saint Jacques, qui est toujours, comme jadis, la « pédantesque rue », mais bientôt, derrière l'écluse qui ferme le petit bras à l'occident, nous apercevons l'**Hôtel des Monnaies**, et à sa suite l'**Institut**. Ils sont bâtis sur l'emplacement de l'ancien **hôtel de Nesles**, si célèbre par les crimes attribués à Marguerite de Bourgogne, qu'a popularisés le drame et le roman.

Après le pont des Arts, le quai Malaquais, avec l'école des Beaux-Arts, le quai Voltaire, jadis habité par Voltaire, aujourd'hui, peuplé d'antiquaires.

Au pont Royal, commence le **quai d'Orsay**. Des ruines de l'ancienne Cour des Comptes, qui, après vingt-six ans d'abandon avec ses enchevêtrements de lianes et de plantes folles croissant au milieu des murs pantelants et noircis par le feu, était devenue plutôt un décor digne des contes d'Hoffmann, vient de sortir de terre, comme par enchantement, la nouvelle gare d'Orléans, dont la façade laisse voir, à travers les cintres encore vides, l'immense

A DROITE — A GAUCHE

derrière les bosquets touffus des Champs-Elysées, le palais de l'*Elysée*, résidence de nos Présidents.

En face du Pont d'Iéna, voici le **Trocadéro**, qui a déjà vu se dérouler à ses pieds bien des expositions.

A gauche du Trocadéro, l'Administration des phares, et derrière, sur le boulevard Delessert, le Panorama des batailles de la Révolution et de l'Empire.

Nous côtoyons maintenant les jardins et les jolies maisons de **Passy** dont on aperçoit le clocher. Puis l'aspect du quai change encore une fois. Après quelques usines dont les immenses tas de charbons s'étendent jusque sur les berges, nous arrivons à Auteuil. De ses guinguettes, de ses cafés-concerts s'échappe une musique éternellement enragée ; le dimanche et le lundi, une foule compacte d'ouvriers, de petits employés y vient déguster la friture de Seine, au milieu des chants, des cris, des rires et des danses.

Jadis, charmant petit village, Auteuil rappelle l'amitié célèbre de Boileau, de Racine et de Molière qui s'y donnaient rendez-vous pour souper et pour deviser. C'est sur cette rive de la Seine qu'ils vinrent errer un soir, au sortir d'un de

carcasse de fer de ses halls intérieurs.

Plus loin, derrière les aristocratiques édifices du quai qui sentent la vieille noblesse du faubourg Saint-Germain, vous entrevoyez les **flèches de Sainte-Clotilde**. A l'angle de la rue de Solférino, le palais de la **Légion d'honneur**. Puis le quai prend encore un aspect plus pompeux et plus sévère, et voici le **Corps législatif**, qui, derrière le pont de la Concorde, détache sur le ciel son profil de temple grec.

Après le **pont de la Concorde**, c'est la magnificence, l'élégance et l'audace du nouveau pont Aléxandre III, dont Félix Faure et Nicolas II posèrent la première pierre en 1896.

Au pont d'Iéna, le Champ-de-Mars s'embellit : et au dessus de la rive, se dresse la **Tour-Eiffel**.

Derrière les contreforts de meulière qui bordent la Seine au niveau de la passerelle de Passy, la nouvelle **gare** du Champ-de-Mars, qui amène les voyageurs directement par une ligne nouvelle de la gare Saint-Lazare.

Entre la passerelle de Passy et le pont de Grenelle, l'**île des Cygnes**, assez pauvre et nue d'aspect et qui est plutôt une digue de pierre qu'un jardin,

GUIDE DES PLAISIRS A PARIS

A DROITE

ces dîners, où les joyeux convives avaient vidé trop de vieux flacons ; entraînés par Molière, ils avaient failli se noyer tous les trois ; c'est du moins ce que raconte le grave Boileau lui-même.

A GAUCHE

vous marque le quai de Grenelle dans sa partie la plus intéressante, avec ses fonderies, ses grands établissements industriels, les usines Cail d'où sortent la plupart de nos locomotives.

On pourra revenir dans Paris à la tombée de la nuit, — alors que les rives de la Seine s'illuminent, que des girandoles de becs de gaz se reflètent dans l'eau, et que les bateaux se croisent comme dans une fête vénitienne.

La nuit, la Seine prend un aspect féerique et fantastique qui vous transporte dans un autre monde, dans un autre continent.

Après le pont de Grenelle, le fleuve s'élargit, les rives s'abaissent et à l'horizon se dessinent plus nettement, derrière le viaduc d'Auteuil, les verdoyants côteaux de Meudon.

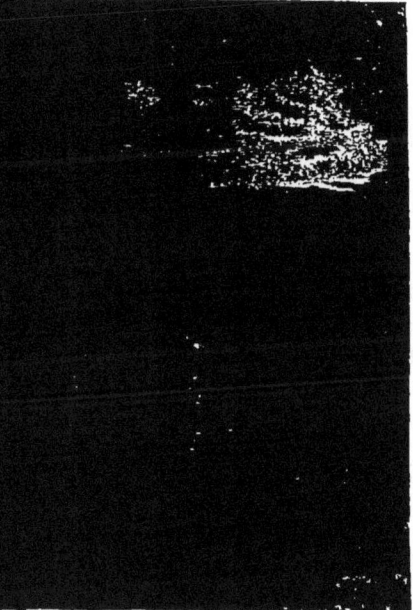

La Seine vue de nuit.

Autour des Halles
dans la Journée

Le **Quartier des Halles** est, avec la Butte Montmartre, un des coins les plus curieux de Paris pour l'étranger en quête de sensations nouvelles, de découvertes rares qui ne sont pas encore enregistrées dans les Joanne et les Bœdecker.

Une promenade nocturne autour des Halles ressemble à une véritable descente aux Enfers.

Mais tout le monde ne peut pas ou ne veut pas s'aventurer de minuit à quatre heures du matin dans un quartier inconnu, dans des ruelles à peine éclairées, qui ont un air de coupe-gorge.

Si quelques-uns de nos lecteurs, et même de nos lectrices, intéressés par les spectacles naturalistes (dont ils trouveront la description dans la deuxième partie : *Paris la nuit*,) voulaient faire, de jour, l'excursion que nous indiquons pour la nuit, voici l'itinéraire à suivre ; nous n'avons pas besoin d'ajouter qu'il est sans danger.

Aller d'abord le plus matin possible assister au *réveil des Halles* et demander à l'administration, l'autorisation de visiter certains sous-sols que nous indiquons.

Prendre ensuite, près de la pointe *Saint-Eustache* (visiter cette intéressante église si célèbre par sa maîtrise), à gauche la rue Turbigo, puis à droite la **rue de la Grande Truanderie** (cuisines en plein vent) ; au n° 34, un vaste passage couvert, donnant rue Pirouette.

La rue de la Petite Truanderie, la rue Mondétour et la rue Pirouette où il faut s'arrêter, pour voir les peintures du **Cabaret de l'ange Gabriel**, page 124) ont toujours leur population de marchands de soupe à deux sous et de miséreux, mais l'apect de leurs « bibines » a changé. On n'y voit plus que des « trimardeurs », des « forts », d'honnêtes malheureux, abétis par de durs métiers.

Par la **rue Rambuteau**, on rentre **rue Pierre Lescot** ; en remontant cette rue, à gauche dans la deuxième rue à gauche, on trouve au n° 25, la maison Masson, le Marguery des gueux de toute classe et de toute nature, se pressant, qui en casquettes, qui en chapeau rond, qui en redingote et en chapeau haut, autour du rosbeef saignant et du bouillon qui mijote, en des marmites de 120 litres.

De l'autre côté de la rue Pierre Lescot, dans les grands restaurants, les orgies de nuit sont remplacées par le déjeuner paisible des riches maraichers.

A l'extrémité de la rue, on aperçoit le square des Innocents, avec la fontaine et les naïades de J. Goujon,

Rue Simon-le-Franc.

et derrière une maison à arcades, qui donne dans la rue de la Ferronnerie, l'hôtel où fut tué Henri IV. Dans la rue des Innocents, au n° 15, on trouve le « **Caveau** », fermé le jour (Voy. page 131).

Voir, à droite, le curieux pâté de maisons qui enclôt la **rue au Lard**, bordée d'hôtels puants, d'une teinte jaunâtre, avec des escaliers gluants, et rentrer dans la **rue Berger**.

Traverser la rue Saint-Denis, toute grouillante de gens et de voitures, le boulevard Sébastopol, et entrer par la rue Aubry-le-Boucher, dans la **rue Quincuampoix**, dont les portes massives s'ouvrent sur des resseres délabrées et fétides, et où de grands chiens sales s'étirent au milieu des trognons de choux, pêle-mêle avec une marmaille morveuse.

Revenir dans la rue Aubry-le-Boucher, prendre la rue Saint-Martin à gauche et voir à droite la **rue Simon le Franc**, qui n'est plus, en plein jour, qu'un étalage de vieilles bottes, de casseroles, de défroques crasseuses, de linges jaunâtres sommairement blanchis par des blanchisseries gratuites, et un autre étalage de gueux, d'éclopés et d'infirmes, d'hommes et de femmes se démenant au milieu d'un échafaudage mouvant de béquilles et de jambes de bois, et qui semblent vous poursuivre, comme jadis les truands de la **cour des Miracles.**

Au niveau du n° 26, on trouve à droite la **rue Brise-Miche**, encore plus étroite, et où l'on ne peut passer plusieurs de front. — Cette rue, sur laquelle s'embranche à droite, la rue *Pierre-au-Lard*, triste et silencieuse, débouche rue Saint-Merri.

On reviendra alors dans la rue Simon-le-Franc, on tournera à droite dans cette rue, puis on prendra à droite la **rue Beaubourg**. La première rue à gauche est la **rue de Venise** qui est encore, même en plein jour, l'un des derniers fiefs de la prostitution à la fin du xixe siècle ; elle a tout l'aspect des rues honteuses du moyen âge ; d'infâmes bouges, ventrus, lépreux, rachitiques, surplombant le pavé et dégoutant de graisses et de liquides infects, offrent des aperçus de portes cochères où l'on distingue des hangars de marchands d'oranges, de capres, de piments, des défroques lamentables de chiffonniers, dégageant tous les relents de crasse, et des bibines ignobles ; dans des logis étroits et bas, des créatures débraillées offrent à tout venant un régal de chair flasque et molle, et des contacts de tignasses miteuses et de linges crasseux.

Rue de Venise.

Une sentinelle de cette Cythère immonde, veille en plein midi, au cours de la rue et raccroche le passant.

Le Bois de Boulogne

> **Prendre une voiture** *à l'heure :* à 2 places, 2 fr. 50 l'heure ; à 4 places : 2 fr. 75 ; landau (4 pl.) : 3 fr. — *L'indemnité de retour* (1 fr. pour les voitures ; 2 fr. pour le landau) n'est due que si, une fois au bois, *on renvoie la voiture.* Une voiture à 2 pl. prise au bois coûte 2 fr. l'heure ; à 4 places, 2 fr. 50 ; et un landau, 3 fr. — Le temps dépassant la 1re heure se compte par fractions de 5 minutes.

La Promenade de l'Europe

LE bois de Boulogne ! La phrase est courte, quatre mots en tout. Mais quel monde de souvenirs et quelle longue suite de tableaux ne réveillent-ils pas dans leur éloquent laconisme ! On sait des voyageurs, dit Achard, qui se sont écrié à l'ombre du Vésuve : « Voir Naples et mourir ! » Combien de femmes, de Lisbonne à Moscou, n'ont-elles pas dit en soupirant : « Voir le bois de Boulogne et s'y promener ! »

Près du Lac.

Ces quatre mots magiques représentent quelque chose comme des jardins d'Armide où tous les luxes, tous les doux plaisirs, toutes les coquetteries, toutes les élégances, toutes les aristocratiques oisivetés, toutes les fantaisies et tous les caprices se mêlent dans un perpétuel tourbillon. Londres a Hyde-Park, et Vienne le Prater, Madrid montre avec orgueil le Prado, et Florence les Cassine ; mais aucune de ces promenades n'égale le bois de Boulogne.

Le bois de Boulogne est la promenade de l'Europe.

L'Heure du Bois

Le matin, le Bois appartient aux cavaliers, aux amazones, et aux bicyclistes selects qui vont déjeuner au *Chalet du Cycle*. Les amazones sont diffé-

Le chalet du Cycle.

remment escortées : les unes par leur mari, les autres par un ami, ou simplement par un domestique qui les suit à quinze pas. Celles qui arrivent seules, il est rare qu'elles reviennent de même. Elles trouvent dans une allée solitaire « celui qui attend ».

Quant aux jolies bicyclistes qui pédalent en piqué blanc, elles sont si peu farouches qu'elles se laissent rejoindre et accoster sans prendre la fuite. Elles ne s'« *emballent* » jamais.

Le moment vraiment intéressant du bois, est, dans l'*Avenue des Acacias* en été, **de 4 à 7 heures** ; et en hiver de 2 à 4 heures. C'est un défilé de cabs, de ducs, de landaus, de coupés, de victorias, auxquels se mêlent parfois des calèches menées à la Daumont par des jockeys en veste de velours, coiffés de toques et poudrés, suivis de vulgaires fiacres qui passent avec un bruit de vieilles ferrailles sur le sable des allées. Et entre les files de voitures se glissent des bicyclettes et des automobiles de tous systèmes de tous modèles.

C'est un va-et-vient continuel, un tableau disparate et amusant, un cinématographe vivant de la vie de Paris.

« Aller au bois », doit être un des premiers soucis de celui ou de celle qui vient dans la grande Babylone moderne, pour voir, pour vivre, pour s'amuser.

Pour aller au Bois

ON traverse d'abord cette superbe place de la Concorde, la plus belle de Paris, la plus belle du Monde, avec sa quadruple perspective sur la Madeleine et la Chambre des Députés, sur le jardin des Tuileries et l'Arc de Triomphe.

L'Obélisque de granit rose d'Assouan, donné à Louis-Philippe par Méhemet-Ali, y remplace la guillotine de 1793 ; et l'eau que les dauphins portés par les tritons et les néréides versent depuis près d'un siècle ont effacé le sang des révolutions.

De la place de la Concorde on monte l'**Avenue des Champs-Élysées**, jusqu'à l'Arc de Triomphe avenue grandiose et charmante, à la fois voie triomphale, parc et jardin. Longtemps ce fut l'unique

Un petit tour de promenade.

promenade des Parisiens qui en avaient fait le centre de tous les plaisirs et de toutes les fêtes.

L'été, dans le « carré » des Champs-Élysées, depuis la place de la Concorde jusqu'au Rond-Point, l'animation se prolonge jusqu'aux heures tardives de la nuit. On dîne dans les massifs et au milieu des pelouses, chez *Ledoyen*, chez *Paillard*, aux *Ambassadeurs* ;

Les Champs-Élysées.

on passe sa soirée au *Jardin de Paris*, à l'*Alcazar*, aux *Ambassadeurs* et aux *Folies Marigny*.

Un peu plus haut, Cubat, un des cuisiniers du Tzar, a ouvert un restaurant élégant dans l'ancien hôtel de la Païva, courtisane célèbre sous le 3ᵐᵉ Empire et même sous la 3ᵐᵉ République. Elle avait une baignoire en argent massif aussi fameuse que celle de Gambetta. La Païva avait acheté trois cents vingt-cinq mille francs le collier de perles de l'Impératrice Eugénie.

A droite, c'est le Cirque d'été transformé en hippodrome.

Puis ce sont des boutiques en plein vent, d'amusants théâtres de marionnettes ; et passé le Rond-

Point, avec ses six jets d'eau retombant en pluie de perles sur des corbeilles de fleurs, c'est des deux côtés un somptueux alignement de riches hôtels, de maisons à gros revenus, magnifiques palais modernes où chaque étage se loue de 15 à 30 mille francs. Ceux qui sont curieux de voir l'intérieur, l'aménagement de la Maison du XXe siècle n'auront qu'à se faire montrer un «appartement à louer» dans ce quartier qui est, avec celui de l'avenue Victor-Hugo ou de l'Arc de Triomphe, le plus cher et le plus aristocratique de Paris.

A mesure qu'on approche de l'*Étoile*, la mer mouvante des voitures devient plus houleuse, et les omnibus naviguent au milieu de cette agitation comme de lourdes arches de Noé. En ce pêle-mêle de véhicules de toutes tailles et de toutes couleurs, toutes

Autour du Lac.

les classes de la société sont représentées, la démocratie coule à pleins bords et les millionnaires qui n'ont pas des chevaux de vingt mille francs, des laquais et des voitures armoriées, passent inaperçus, et confondus avec la masse grouillante.

Autour de l'**Arc de Triomphe**, au rond-point de l'Étoile, le remous est quelquefois peu rassurant ; mais le flot qui descend finit par s'écouler dans la large Avenue (*125 mètres*) du Bois de Boulogne (à dr. Monument Alphand et hôtel du Cte de Castellane) qui aboutit à la **Porte-Dauphine**, l'entrée ordinaire du Bois.

A l'entrée de l'Avenue, de nombreux piétons assis

sur des chaises regardent les voitures passer, n'ayant pas les moyens de s'en payer ou même peut-être d'en prendre une ; ils composent ce qu'on appelle ironiquement le *Club des panés*...

Dès qu'on a franchi la Porte-Dauphine, on voit le **Pavillon Chinois**, café-restaurant que le demi-monde a mis à la mode. Orchestre tzigane.

On suit l'*Avenue de Suresnes* jusqu'au Carrefour du Bout des lacs.

De là, descendre à la **Cascade** (*Restaurant de la Cascade*), et rentrer à Paris par l'*Avenue des Accacias* (*Restaurant de Madrid et Pavillon d'Armenonville*), et la *Porte Maillot* (*Restaurant du Touring-Club*).

Les Courses

> Les jours de courses, on voit passer sur le boulevard de grands breacks attelés de 5 chevaux. Le conducteur crie : « *V'là les courses* ». — C'est encore la façon la plus économique et la plus rapide d'y aller. Le jour du Grand Prix (le 10 juin), on peut se rendre à Longchamp en bateau (station de Saint-Cloud), ou en chemin de fer, également à Saint-Cloud. On n'a que le pont à traverser pour être au Champ de Courses. Une voiture revient ce jour-là au moins à 25 francs.

Les courses constituent l'un des plus grands plaisirs parisiens, une des plus grandes attractions du printemps, de l'été et de l'automne, et non seulement elles sont très populaires et très suivies, non seulement elles comptent parmi les grands événements de la vie de la capitale, tel le jour du Grand

Prix, qui est celui de la consécration de la mode de l'été, où mondaines et demi-mondaines inaugurent les toilettes plus ou moins tapageuses sorties des ateliers des grands couturiers et donnent le **la** de l'élégance, consécration rendue officielle par la pré-

A Longchamp.

sence du président de la République, égayée par le déballage de toutes les célébrités du jour, ministres, diplomates, chanteuses et hautes cocottes ; c'est aussi une épreuve internationale, réunissant sur le *turf* les concurrents de tous les pays, et permettant ainsi de comparer les progrès de l'élevage dans les différents pays (200 000 fr. de prix).

Le Pari Mutuel

C'est le seul autorisé par la loi, les joueurs misent sur le cheval auquel ils accordent une chance. La mise s'effectue aux guichets spéciaux derrière les tribunes. Il y a des guichets à 500, 100, 50, 20, 10 et 5 francs. On parie depuis l'affichage des chevaux jusqu'à la sonnerie électrique annonçant le départ. Le n° des chevaux qui courent est indiqué sur de grands tableaux noirs, au pesage, et face aux tribunes.

Les Bookmackers

N'ont plus le droit de parier au comptant, c'est-à-dire d'accepter de l'argent sur les champs de courses. Ils sont obligés aujourd'hui de parier au livre, c'est-à dire de donner 1 cheval 1ᵉʳ ou placé (2ᵉ ou 3ᵉ) suivant sa chance, à 2 contre 1, par ex. : ce qui signifie que si le cheval gagne le bookmacker rembourse la mise, plus une somme égale à 2, 4 ou 6 fois la mise, suivant la cote.

Les propriétaires ont aujourd'hui pris l'habitude de parier entre eux. Ces gros paris constituent le *betting*.

Le Grand Prix

Si Chantilly est la métropole du *turf*, le « Newmarke Français », le grand centre d'entraînement, Maisons-Laffite, une école sérieuse, et, Auteuil avec ses steeple-chases, le dernier asile des Bucéphales, au bout de leur carrière, Longchamp reste le lieu d'apparât, réservé aux « *poules* » éclatantes, aux engagements à sensation, où l'Anglais entre réellement en concurrence avec les éleveurs Français, et le Grand Prix peut être considéré comme le type de toutes les autres courses ; c'est l'épreuve qui donne le mieux l'idée du pittoresque, de l'entrain, de la dévorante activité, du monde sportif.

La tribune des dames.

Le Grand Prix se court toujours le second dimanche après le *Derby* d'Epsom qui se court lui-même le mercredi avant la Pentecôte. Les engagements en sont faits deux ans à l'avance. Depuis quelques années les écuries françaises tiennent tête aux écuries anglaises d'une façon remarquable. En 1899 encore, c'est le *Roi Soleil*, au baron de Rothschild qui est *arrivé*.

Au Grand Prix.

Et quelle journée mémorable dans les fastes parisiens, que ce Grand Prix ! Dès midi la foule s'écrase aux guichets du pari-mutuel, dans un tumulte, un vacarme inexprimable, foule très complexe, et entremêlée de pick-pockets et de coupeurs de bourse. Et pendant ce temps, le long des Champs-Élysées, dans les avenues du Bois-de-Boulogne se presse et se déroule la queue interminable des landaus où s'étalent les beautés du jour, horizontales en renom, mondaines audacieuses et délurées, frisant la cocotte, Elles se laissent lutiner et tutoyer parfois par nos diplomates et nos personnages officiels qui s'oublient et se dérident en ce jour de *flirt* international.

Breack de courses

Petits Conseils

Parmi les projets du voyageur qui se dirige vers Paris, un de ceux qu'il caresse avec le plus de plaisir au dedans de lui-même est certainement celui de faire connaissance avec « la *Parisienne* » — qu'il ne connaît que par les livres, le théâtre et les on-dit — et d'étudier lui-même et de très près, ce monstre charmant, dans son cœur, ses mœurs, son caractère, etc., etc.

Mais que celui qui n'a point de relations mondaines à Paris qui lui permettent de voir et de coudoyer de « vraies Parisiennes » se garde bien de prendre pour telles toutes les jolies femmes d'allure coquette, de sourire encourageant et d'abord facile qu'il rencontrera au bois, au théâtre, au café, sur le boulevard, aux expositions, aux courses, etc.

Il emporterait alors de cruels regrets et partirait allégé au moral et au physique, d'illusions et de... billets bleus !

Donc, à l'usage de l'étranger qui veut poursuivre quelque aventure galante sans lendemain, nouée au cours d'une rencontre fortuite, il sera bon de résumer en quelques lignes, les principales fourberies, les *ficelles* et les *trucs* employés couramment par ces *dames* pour soutirer très élégamment et très habilement quelque argent à l'innocent non prévenu que leur flair leur révèle bien vite.

La ficelle de la consommation consiste, une fois « le Monsieur » attiré à sa table, au café, et une fois sûre qu'il n'y a rien à faire avec lui, à s'en aller brusquement avec un bref adieu, en laissant à régler au « Monsieur » en plus des consommations qu'il a offertes si généreusement, celles que la « Dame » et ses amies, ont prises au courant de la soirée — et elles sont nombreuses!!!

La ficelle du bouquet, consiste à se faire offrir un bouquet par le « Monsieur » qui cause avec vous, et une fois celui-ci éloigné, à le revendre à demi prix à la bouquetière.

Il y a des bouquets qui se vendent et se revendent ainsi dix fois dans une soirée.

Du reste, dans les bals publics et la terrasse des cafés, il suffit qu'un « Monsieur » soit avec une « Dame » pour qu'aussitôt une nuée de camelots et de marchands de bibelots de toutes sortes viennent vous assaillir et offrir à votre compagne un tas d'objets hétéroclites, que vous ne manquez pas, en galant homme, de lui offrir au moindre désir exprimé. Or, le désir est toujours exprimé, et l'objet toujours revendu ensuite à demi prix.

La ficelle aux W. C., consiste à demander, dans un bal, au théâtre, les 15 centimes nécessaires à la petite opération, la « Dame » ayant oublié son porte-monnaie. Vous donnez naturellement une pièce blanche, — et la « Dame » arrive ainsi facilement à se faire une quinzaine de francs dans sa soirée en s'adressant à différents *bons types*.

La ficelle du sapin (voiture). Méfiez-vous de la dame que vous voulez promener ou conduire quelque part et qui a « justement une voiture qui l'attend ». Arrivé à destination, le cocher vous réclame en sus cinq ou six heures de courses antérieures à la vôtre — et vous n'avez rien à dire.

La ficelle au cabinet particulier. Vous dînez seul ou avec un ami en cabinet particulier. Méfiez-vous de la « dame » qui entre tout à coup sans frapper et qui aussitôt, avec un sourire exquis, s'exclame « Ah pardon ! je me suis trompé. » Ne la retenez pas à souper : le garçon vous a indiqué comme un *type à faire* et la *leveuse au cabinet* lui donnera le lendemain une forte commission.

En cabinet particulier, il est toujours prudent de n'avoir pas un porte-monnaie trop garni et de ne pas le laisser voir à ces dames qui y puisent ordinairement comme s'il était à elles. Enfin gardez-vous de vous laisser enivrer... de vin !

Méfiez-vous, également, à l'hôtel, de la jeune et jolie blanchisseuse qui entre brusquement chez vous le matin, sans frapper, et qui aussitôt s'écrie qu'elle s'est trompée. N'entamez point conversation avec elle. C'est justement ce qu'elle cherche — et le garçon d'hôtel l'a bien renseignée.

Enfin, *à domicile*, chez « la Dame » ne tombez pas dans certain panneaux qu'elle ne manquera pas de vous tendre si elle flaire en vous un innocent. Ne « coupez » pas dans la *ficelle du terme*; qui consiste, justement à l'instant où vous avez droit d'être le plus satisfait de vous-même, à faire monter un faux concierge avec une fausse quittance à la main, qui réclame bruyamment son dû sous peine de saisie. Et « madame » joue si bien l'abomination de la désolation que vous vous laissez apitoyer et que vous sortez votre portefeuille.

Méfiez-vous également des fournisseurs qui viennent porter leur note et crier très fort au moment de votre visite.

Certaines « dames », très intelligentes, ont même été jusqu'à jouer la comédie de la *saisie*, avec un faux huissier et des faux déménageurs, qui faisaient brutalement interruption dans le boudoir pour enlever les meubles sur lesquels « le Monsieur » était très convenablement installé.

Bien entendu que celui-ci faisait tout de suite le nécessaire pour désintéresser le fâcheux intrus.

Tous ces « trucs » sont classiques. Oh ! étranger amateur de « Parisiennes », oh ! voyageur innocent, retiens-les et méfie-toi et flaire toutes ces conspirations contre ta bourse. Mais dis-toi bien que ces « Parisiennes »-là — heureusement qu'il y en a d'autres ! — ont une imagination du diable et que malgré toi, sans t'en douter, quoique tu fasses ou ne fasses pas, tu seras toujours régulièrement *fourré dedans* par « Dames ! »

Les Pourboires.

Somme modique donnée à titre gracieux aux garçons des restaurants, chasseurs, garçons coiffeurs, cochers, ouvreuses, etc., à tous ceux qui vous rendent un service quelconque.

Dans les *cafés* et *restaurants*, le pourboire est presque obligatoire, souvent humanitaire, car dans beaucoup de ces établissements, le pourboire constitue les seuls appointements du garçon. Pour une consommation, 0 fr. 10 à 0 fr. 20 par personne ; pour un repas, le sou du franc dans les petits restaurants, les restaurants à prix fixe, les bouillons ; dans les grands restaurants, jamais moins de 10 p. 100 : le pourboire augmente et se donne en proportion du nombre des personnes servies. Le pourboire se laisse dans l'assiette ou le plateau sur lequel le garçon a apporté l' « addition » (la note).

Au *chasseur*, on donne de 1 fr. à 2 fr. par course.

Au *théâtre*, à l'ouvreuse, 0 fr. 50 pour un fauteuil, 1 à 2 fr. pour une loge.

A *un cocher*, 0 fr. 25 pour une course ordinaire, 0 fr. 50 pour une course pressée, 0 fr. 50 par heure pour une voiture prise à « l'heure ».

Au *garçon coiffeur*, pour une barbe : de 0 fr. 15 à 0 fr. 50 ; pour taille et barbe, 0 fr. 50.

Au principal *domestique* d'une maison où l'on est invité à dîner, 2 fr. (pas obligatoire).

Au *gardien* préposé à la garde des parapluies, des cannes, dans les Musées (0 fr. 10 à 0 fr. 20) ; à celui qui conduit les visiteurs, 0 fr. 50 s'il y a beaucoup d'autres visiteurs.

Principaux Termes d'Argot

Les étrangers qui visiteront Paris, entendront souvent dans la rue, au théâtre, dans les cafés-concerts, dans tous les lieux publics, des mots et des expressions auxquels ils ne comprendront rien et dont aucun dictionnaire, sauf ceux « d'argot », ne donne la signification. On nous saura donc gré d'avoir dressé ici une liste des mots spéciaux qui sont si souvent dans la bouche des vrais Parisiens.

Abouler (s')   Donner, servir quelque chose, (s') arriver.
Accoucher.   Dire ; avouer avec peine, à son corps défendant.
Affutiaux..   Jambes grêles.
Allumer...   Regarder, exciter des yeux et du geste.
Andouille..   Personne bête.
Artiche....   Argent. On dit aussi : braise, beurre, galette, pognon, pèze, os.
As de pique (Etre vêtu ou fichu comme un).   Etre mal vêtu, avoir les vêtements en désordre.

B

Baba (Etre)..........   Etre ébahi. J'en suis tout baba.
Baigner (Envoyer quelqu'un).   Le remercier. (En mauvaise part.)
Bahut...............   Lycée, collège, on dit aussi bazar, boîte.
Bateaux.............   Souliers, on dit encore : croqueneaux, godillots, grolles, bottines, péniches, pompes, ribouis. Monter un bateau, tromper quelqu'un.
Bécane..............   Bicyclette.
Béguin .. ..   C'est mon béguin : c'est celui ou celle que j'aime. Avoir un *béguin* pour... Aimer follement.
Beuglant............   Café-chantant de bas étage.
Biche ou Bibiche.....   Femme de mœurs légères qui fait le racolage.
Bidoche.............   Viande.
Bidard...... ......   Heureux.
Biture..............   Avoir une biture, avoir trop bu, trop mangé ; être niais.
Bombe ....   Faire la bombe, faire des excès de table et de boissons.

Boule	Tête ; perdre la boule, perdre son sang-froid.
Bouis-Bouis	Café-concert de dernier ordre.
Bricheton	Pain.
Briffer	Manger ; on dit encore becqueter.

C

Caboulot	Cabaret.
Cabot	Chien ; caporal ; acteur ou chanteur de café-concert, de petit théâtre.
Cabotin	Dimin. de cabot (*acteur* seulement).
Calé	Savant, apte à quelque chose.
Calicot	Employé de magasin de nouveautés.
Casquer	Payer, on dit aussi « éclairer ».
Cavaler (Se)	Courir, se sauver.
Casse-gueule	Bal de barrière.
Camoufle	Chandelle.
Canasson	Cheval.
Cancan	Racontar ; danse spéciale, on dit aussi *chahut*.
Chahut	Bruits, vacarme ; on dit encore chambard, raffut, pétard.
Chameau	Canaille, grossier personnage.
Chauffer (Se faire)	Se faire —, se faire prendre.
Chasses	Les yeux, on dit encore : mirettes.
Colle	Mensonge, — question d'examen.
Collé (Etre)	Demeurer et vivre avec sa maîtresse.
Culbutant	Pantalon, on dit aussi : grimpant, falzar.
Cuite	Excès de boisson, être cuit, être ivre, et aussi : être pris, être perdu sans retour ; — se cuiter : s'enivrer.
Chlinguer	Sentir mauvais, on dit aussi : carner, repousser, emboucaner, fouetter.
Chic	Beau, agréable.
Chichi	Ne faites pas de chichi, taisez-vous.
Chigner	Pleurer.
Chopper	Prendre.
Chopin	Bonne affaire.
Chiendent	Ennui, difficulté. Voilà le chiendent ! Voilà la difficulté.
Chouette	Beau, bien mis, agréable.
Clou	Fait marquant, spectacle à sensation ; le « Mont-de-Piété ».
Crachoir (Tenir le)	Bavarder sans interruption.
Créper (le chignon)	Se battre (entre femmes).
Cocotte	Fille galante.
Collignon	Nom d'un cocher assassin qui est resté aux cochers de fiacre (en mauvaise part).
Culot	Aplomb, toupet. « Il a du culot. »

D

Daim	« Vieux daim », imbécile.
Danse	Coups de poings ou de bâtons.
Daron-onne	Père, mère. On dit aussi : *Dab* et *dabesse*.
Dèche	Misère, battre la dèche : être dans la misère.
Débiner	Médire de quelqu'un. Se débiner : se sauver.
Débine	Misère noire.
Dessalé	D'allures libres, et de langage crû.

E

Escoffier	Mettre à mal, tuer.
Estamper	Voler.
Estourbir	Tuer, assassiner.

F

Fayots	Haricots.
Fermer	Se taire. « Ferme ! » tais-toi.
Fiole	Figure.
Flanelle (Faire)	Rester dans un café sans consommer. Flâneur amoureux.
Flanche	Individu quelconque.
Flancher	Faillir, ne pas oser faire q.q.chose.
Flic	Agent de police.
Flûte	Comme « Zut ! »
Fourneau	Imbécile.
Frangin	Frère.
Frangine	Sœur.
Frimousse	Jolie figure.

G

Galette	Argent.
Galurin	Chapeau.
Gigolette	Petite ouvrière qui fréquente les bals publics et frise la fille galante.
Gigolo	Masculin de gigolette.
Gigue	Jambe.
Gironde	Jolie femme.
Gniaf	Cordonnier.
Gogo	Personne facile à tromper.
Godiche	Niais.
Gondoler (Se)	S'esclaffer, rire.
Gosse	Enfant ; *une gosse*, gentille petite femme.
Gouape ou Gouapeur	Voyou.
Gourde	Imbécile, niais, emprunté.
Gratte (Il y a de la)	On peut encore tirer bénéfice de quelque chose.
Grinche	Assassin, voleur, souteneur.

Gueule............	Figure; « Ta gueule ! » = tais-toi !
Gueule de bois......	Malaise général que l'on ressent les lendemains d'orgie, synon. : Mal aux cheveux.
Guimbarde..........	Mauvaise voiture.

H

Horizontale..........	Fille galante de haut vol.
Hurf.................	Joli, beau, « voilà quelque chose de hurf ! »

J

Jules................	Tinettes.
Jus.................	La pluie.
Juter...............	Pleuvoir.

K

Kif-Kif (C'est).......	C'est la même chose.

L

Lapin (Poser un).....	Mentir à sa promesse.
Larbin..............	Domestique de bonne maison.
Lascar..............	Roué, un fier lascar, un solide et rusé gaillard.
Linge (Un)...........	Une femme.
Liquette.............	Chemise.
Louf ou Loufoque.....	Fou, écervelé.
Loupiot.............	Enfant.

M

Maboul..............	Qui a perdu la raison.
Macchabé...........	Cadavre.
Mac ou Maquereau...	Individu qui vit de la prostitution des femmes.
Malin...............	Faire le *malin*, se vanter. Pas *ma-lin*, pas difficile à faire.
Marcher (Faire).....	Faire passer quelqu'un où on veut. Je ne marche pas ! je refuse !
Marmite.............	Femme qui entretient un homme.
Marron..............	Coup de poing.
Marronner..........	Se tourmenter, être en colère.
Marteau............	Il est *marteau*, il est toqué, fou.
Mastroquet.........	Marchand de vin.
Mèche (Il n'y a pas)..	C'est impossible.
Mégot...............	Bout de cigare, de cigarette, on dit aussi : orphelin.
Miché...............	Jeune élégant, qui dépense beaucoup d'argent avec les femmes.
Micheton............	Petit miché, faux miché, petit garçon.
Miteux..............	De peu d'importance, de chétive allure.

Moche...............	Laid.
Molard...............	Crachat; molarder, cracher.
Môme................	Enfant.
Morue...............	Basse prostituée.

N

Nèfles...............	Des *nèfles*, des *dattes* : Ah! non, alors!
Nettoyé.............	Ruiné.
Noir (Petit)..........	Tasse de café.
Nou-Nou............	Nourrice.

O

Œil..................	Mon œil ! c.-à-d, « non, jamais! » Taper de l'œil : Dormir. « A l'œil » c.-à-d. gratuitement.

P

Paf...................	Ivre à rouler sous la table.
Pagnoter (Se)........	Se coucher.
Paillasse.............	Saltimbanque, personne drôle, se faire crever la paillasse : se faire tuer.
Pain..................	Coller un pain sur la hure : Frapper.
Panade...............	Misère noire, dèche.
Panné................	Ruiné.
Paradis, poulailler...	Dernier étage d'un théâtre.
Ponte................	Bourgeois, individu quelconque.
Parigot..............	Parisien.
Partie carrée.........	Partie de plaisir à quatre.
Paumer..............	Saisir, attraper.
Peau.................	Femme de mauvaise vie.
Pédard...............	Bicycliste mal équipé.
Pègre................	Voleur.
Peloter...............	Pousser le flirt au-delà des limites permises ; flatter quelqu'un.
Pelure...............	Vêtement.
Pépin................	Parapluie, synon. Rifflard. Avoir un *pépin* pour qqu'un : l'aimer follement.
Pétard...............	Faire du pétard, c.-à.-d. du vacarme.
Pieds (Avoir les pieds nickelés, gelés, plats).	Refuser carrément quelque chose.
Pied-de-Cochon (Jouer un).	Jouer un mauvais tour à quelqu'un.
Pieu.................	Lit.
Pierreuse............	Fille de bas-étage.
Pignouf..............	Personne grossière, mal élevée.
Plat (Faire du).......	Courtiser bassement,
Pige.................	Année. Cet homme compte 5o piges.
Piger................	Attraper, saisir le secret de quelque chose.

Pistolet...............	Mauvais garnement.
Poisser...............	Attraper. Se faire poisser. Se faire prendre.
Poire.................	Figure, tête,
Poivrot...............	Ivrogne.
Pomper...............	Boire outre mesure.
Pompier...............	Suranné et ridicule. « C'est pompier »
Popote	Cuisine. Femme *popote :* très bourgeoise, un peu bête.
Postillons (Envoyer des).	Cracher en parlant.
Potard...............	Pharmacien.
Potasser.............	Travailler (avec acharnement).
Purée................	Dèche, misère noire.
Purotin...............	Individu misérable.
Purge................	Correction, volée de coups.

Q

Quinquets............	Les yeux.
Quilles...............	Jambes.

R

Rablau (Il y a du)....	Il y a des restes, et l'on peut en bénéficier.
Radis	Argent. Je n'ai pas un radis, je n'ai pas un sou.
Rasoir (C'est).........	C'est ennuyeux ; un raseur ; un individu ennuyeux.
Refaire...............	Voler, tromper.
Reluquer.............	Regarder.
Remoucher...........	Fermer la bouche à quelqu'un.
Repiquer	Revenir aux mêmes errements, aux mêmes plaisirs.
Repousser............	Puer. *Repousser* du goulot : Avoir l'haleine forte.
Retape (Faire la).....	Se dit des femmes qui font le racolage sur le trottoir.
Ribote (Etre en)......	Etre ivre.
Rigolo................	Drôle.
Ripaton...............	Pied.
Rond.................	Ivre.
Roublard.............	Rusé.
Rouflaquette.........	Mèche de cheveux que les voyous se ramènent sur les tempes.
Roulant (C'est).......	C'est drôle, c'est tordant.
Roupie (C'est)........	C'est laid, piètre. Ce n'est pas de la roupie de singe : cela a de la valeur.
Rouquin-ine..........	Personne rousse.
Rouspéter............	S'emporter, se fâcher.
Rousse (La)..........	Police.
Rousti (Etre).........	Etre perdu sans retour.
Rupin................	Elégant.

S

Sauce................	Boue, pluie.
Sergot...............	Sergent de ville.
Sifflet...............	Habit noir de soirée. On dit aussi queue de morue.
Singe................	Patron.
Soupé (Avoir)........	Etre fatigué, dégoûté de quelque chose.
Suer (Faire).........	Ennuyer, déplaire.

T

Taf..................	Peur.
Tabac (Passer à)....	Battre à laisser pour mort.
Tante................	Pédéraste.
Tante (Ma)..........	Le Mont-de-Piété (le clou).
Taper................	Emprunter. Tapeur, individu qui vit d'emprunts. Se taper. C'est tapé! c'est réussi et aussi c'est fort!
Teuf-teuf............	Véhicule automobile à pétrole.
Tifes.................	Cheveux.
Tignasse.............	Chevelure.
Tire-jus.............	Mouchoir.
Toc-Toc.............	Fou, écervelé.
Toquante............	Montre.
Tourte	Imbécile.
Turbin...............	Travail, turbiner, travailler.
Trimballer...........	Promener quelqu'un par monts et par vaux.
Trimer...............	Travailler péniblement.
Trimardeur..........	Vagabond qui court les routes.
Trottin..............	Petite ouvrière.
Tube.................	Chapeau haut de forme.
Truc (Faire le).......	Se dit des femmes qui font le trottoir.
Trac.................	Grande peur.
Tuile	Evénement désagréable.
Tune.................	Pièce de cinq francs.

V

Vadrouille...........	Promenade nocturne et tapageuse.
Vanné...............	Fatigué, harassé.
Veste (Remporter une)	Recevoir un affront, subir un échec.
Veuve................	Guillotine.
Vis (Serrer la).......	Maîtriser.
Voyou...............	Gamin effronté.

Z

Zanzibar.............	Partie de dés. On dit aussi : Faire un *juge de paix* sur le *zinc*.
Zigue	Un bon zigue, un bon garçon.
Zinc (Sur le)........	Chez le marchand de vin.
Zut !................	Non ! vous m'ennuyez.

CÉLÉBRITÉS PARISIENNES

> L'Étranger est pressé. S'il désire connaître l'adresse d'une jolie actrice de Paris, pour lui envoyer ses hommages ou des fleurs, il n'a souvent pas le temps de consulter les annuaires spéciaux où se trouvent ces adresses. Nous les lui donnons ici.

I. Artistes des Théâtres et des Music-halls Parisiens

Ackté (Mlle), de l'Opéra, *138, av. de Wagram*.
Avril (Mlle Suzanne), du Vaudeville, *72, rue du Rocher*.
Balthy (Mlle), *25, rue d'Offémont*.
Bartet (Mlle), du Théâtre-Français, *212, rue de Rivoli*.
Sarah-Bernhardt (Mme), Directrice du théâtre de la Renaissance, *56, boulevard Péreire*.
Berthet (Mlle), de l'Opéra, *26, rue de Clichy*.
Berthier (Mlle Alice), *12 av. Kléber*.

Bob-Walter (Mme), *34, av. Wagram*.
Boncza (Mlle Wanda de), du Théâtre-Français, *11, rue Legendre*.
Bourgés (M. J.-P.), de la Scala, *50, fg. Saint-Denis*.
Boyer (Mlle), *29, bd. Inkermann, à Neuilly*.
Bozzani (Mme), *5, rue Rude*.
Brandés (Mlle), du Théâtre-Français, *10, av. Marceau*.
Brasseur (M.), des Variétés, *60, rue Saint-Georges*.
Brémont (Mlle de), des Variétés, *26, rue La Trémoille*.

194   GUIDE DES PLAISIRS A PARIS

Mlle Cléo de Mérode.

Bréval (Mme), de l'Opéra, *14, rue Brémontier.*
Bréval (Mme L.), *3, Chaussée d'Antin.*
Bruck (Mlle Rosa), du Vaudeville, *4, rue Piccini.*
Calvé (Mme), de l'Opéra-Comique, *1, rue Dumont-d'Urville.*
Caron (Mme Rose), de l'Opéra, *71, rue de Monceau.*
Caron (Mme Marguerite), *9, rue Frédéric-Bastiat.*
Cassive (Mlle), des Nouveautés, *90, av. d'Iéna.*
Castera (Mlle), des Variétés). *50, av. des Champs-Élysées.*
Cerny (Mlle Berthe), *11, rue du Colisée.*
Chaumont (Mlle Céline), du Palais-Royal, *47, rue Notre-Dame-de-Lorette.*
Cléo de Mérode, *24, rue des Capucines.*
Coquelin (aîné), de la Porte Saint-Martin, *6, rue de Presbourg.*
Coquelin (cadet), du Théâtre-Français, *6, rue Arsène-Houssaye.*
Dalti (Mme Zina), *66, rue Basse-du-Rempart.*
Darlaud (Mlle), du Gymnase, *43, av. Friedland.*
Debriéges-Rivière (A.), *5, rue Galilée.*
Defresne (Mme), *68, rue Saint-Lazare.*
Delmas) M.), de l'Opéra, *4, rue La Bruyère.*
Delna (Mlle), de l'Opéra, *2, rue Petrarque.*
Demarsy (Mlle), des Variétés, *3 bis, rue Legendre.*
Derval (Mlle Suzanne), *3, rue Bugeaud.*
Derval (Mlle Jane), *2, bvd. de Courcelles.*
Desclausas (Mme), du Pa-

La Cavallieri.

lais-Royal, *14, bd. Poissonnière.*
Deschamps-Jéhin (Mme), de l'Opéra, *57, bd. Rochechouart.*
Devoyod (Mlle), *130, bvd. Haussmann.*
Diéterle (Mlle). *6, rue du Marché, Neuilly.*
Dorcy (Mlle), de la Scala, *23, rue des Martyrs.*
Duclerc (Mlle), *35, av. de Villiers.*
Duflos (M. R.), du Théâtre-Français, *19, rue Marbeuf.*
Dudlay (Mlle), du Théâtre-Français, *2, rue des Pyramides.*
Dulac (Mlle), de la Scala, *15, rue Bellefond.*
Fériel (Mlle E.), *4, rue Mathurin Régnier.*
Fillaux (Mlle Paulette), de la Scala, *20, rue du Château d'Eau.*

La belle Otero.

Fleuron (Mlle Lise), des Folies-Bergère.
Fougère (Mlle Eugénie), de la Scala, *78, r. Jouffroy.*
Fugère (M. L.), de l'Opéra-Comique, *26, av. Trudaine.*
Galipaux (M.), du Vaudeville, *6, rue Mayran.*
Gallois (Mme Germaine), *24, av. Trudaine.*
Gérard (Mlle Lucy), *21, Villa Dupont.*
Guéréro, des Folies-Bergère, *21, Villa Dupont.*
Germain (M.), des Nouveautés, *à Lagny.*
Gilberte (Mlle), de Parisiana, *42, rue de Bécon, Courbevoie.*

Mlle Liane de Pougy.

Granier (Mlle Jeanne), *88, av. Wagram.*

Mlle Odette Valéry.

Guitry, du Vaudeville, *26, pl. Vendôme.*
Yvette Guilbert, de la Scala, *79, avenue de Villiers.*
Hading (Mme Jane), du Gymnase, *9, bd. de la Saussaye, à Neuilly.*
Héglon (Mme), de l'Opéra, *169, bd. Malesherbes.*
Hirsch (Mlle), de l'Opéra, *33, rue de Châteaudun,*
Huguenet (M.), du Gymnase et du Vaudeville, *1, rue Nouvelle.*
Invernezzi (Mlle), de l'Opéra, *5, rue Balzac.*
Judic (Mme), *3, rue d'Eprémesnil, à Chatou.*
Kalb (Mlle), du Théâtre-Français, *198, rue de Rivoli.*
Krauss (Mme), de l'Opéra, *169, bd. Haussmann.*
Lambach (Mlle), *16, rue Auber.*
Laparcerie (Mlle), de l'Odéon, *51, rue Montorgueil.*
Lassalle (M.), de l'Opéra, *1, rue Spontini.*
Lavallière (Mlle Eve), des Nouveautés, *34, rue de Tocqueville.*
Le Bargy (M.), du Théâtre-Français, *190, rue de Rivoli.*
Lender (Mlle), *19, rue Scribe.*
Lugné Poë (M.), Directeur du Théâtre de l'Œuvre, *22, rue Turgot.*
Mallet (Mlle Félicie), *69, rue de Rome.*
Marcy (Mme Jane), de l'Opéra, *55, rue Saint-Didier.*
Marsy (Mlle), du Théâtre-Français, *9 bis, rue Bugeaud.*
Martial (Mlle Aimée), *154, rue de la Pompe.*
Maupin (Mme Renée), *9 bis, rue Legendre.*
Mauri (Mlle Rosita), de l'Opéra, *19, rue Scribe.*
Mayer (M. Henri), du Vaudeville, *48, rue de la Victoire.*
Mealy (Mlle), des Variétés, *52, rue de la Victoire.*
Mégard (Mlle), du Vaudeville, *40, bd. Haussmann.*
Melba (Mme), de l'Opéra, *9, rue de Prony.*
Mellot (Mlle Berthe), du Théâtre-Antoine, *5, rue de Provence.*

Micheline (Mlle) de l'Olympia, *6, fg. Saint-Martin.*
Mily Meyer (Mlle), de, *16, rue du Mont-Thabor.*
Mounet (J.-P.), du Théâtre-Français, *1, rue Gay-Lussac.*
Mounet-Sully (M.), du Théâtre-Français, *1, rue Gay-Lussac.*
Noblet (M.), du Gymnase, *58, rue Laffitte.*
Otero, des Folies-Bergère, *21, villa Dupont.*
Pierson (Mlle Blanche), du Théâtre-Français, *18, rue Auguste Vacquerie.*
Polaire (Mlle), de la Scala, *11, rue du Bois de Boulogne.*
Pougy (Mme Liane de), des Folies-Bergère, *105, rue de Courcelles.*
Polin (M.), de la Scala, *32, rue de Rivoli.*
Réjane (Mme), du Vaudeville, *25, av. d'Antin.*
Renaud (M.), de l'Opéra, *9, rue Brémontier.*
Segond-Weber (Mme), de l'Odéon, *15, rue Juliette. Lamber.*
Simon-Girard (Mme), des Bouffes, *1, rue Nouvelle.*
Sisos (Mme), du Gymnase, *5, rue de Douai.*
Sorel (Mlle), de l'Odéon, *48, bd. Haussmann.*
Subra (Mme), de l'Opéra, *43, av. d'Antin.*
Sulbac, de la Scala, *42, rue du Château-d'Eau.*
Sully (Mlle Mariette), de la Gaité, *, rue du Jourdain.*
Théresa (Mme), *62, rue Pigalle.*
Théo (Mme), *17, bd. de la Madeleine.*
Thibaud (Mlle Anna), de Parisiana, *15, rue Weber.*
Valéry (Mlle Odette).
Worms (W.), du Théâtre-Français, *48, av. Gabriel.*
Yahne (Mlle), *14, rue des Capucines.*

II. Artistes Peintres et Sculpteurs

Abbéma (Louise), *47, rue Laffitte.* — Genre décoratif. Panneaux, éventails.
Beraud, *5, rue Clément-Marot.* — Peintre des célébrités parisiennes.
Besnard, *19, rue Guillaume-Tell.* — L'un des chefs de l'école moderniste. (Reçoit le dimanche, après-midi.)
Bonnat, *48, rue de Bassano.* — Peintre des célébrités officielles. Le « Cardinal Lavigerie », au Luxembourg. (Reçoit le dimanche.)

Bouguereau, *75, rue N.-D.-des Champs*. — Représentant de l'école académique. Religieux et païen.

Caran d'Ache, *47, rue de la Faisanderie*. — Caricaturiste plein d'humour.

Carolus (Durand), *11, pass. Stanislas*. — Portraitiste mondain, aristocratique et élégant « La femme au gant », au Luxembourg.

Carrière, *23, av. de Ségur*. — L'un des plus grands maîtres de l'école moderniste. Formes vaporeuses « Maternité » au Luxembourg. (Reçoit le vendredi.)

Benjamin-Constant, *27, rue Pigalle*. — Orientaliste qui rappelle Delacroix. Portraitiste célèbre.

Chéret, *20, rue Bergère*. — A inventé l'affiche fantaisiste en couleur.

Ateliers de M. Boucher.

Dagnan - Bouveret, *73, bd Bineau (Neuilly)*. — Excelle dans tous les genres. (Reçoit le dimanche.)

Dalou, *18 bis, imp. du Maine*. — Auteur du monument récent et célèbre « Le triomphe de la République » (Place de la Nation).

Detaille, *129, bd Malesherbes*. — Scènes militaires. Commandes officielles « Le Rêve », au Luxembourg.

Gervex, *197, bd Malesherbes*. — Portraits. Les communiantes. Rolla.

Henner, *11, pl. Pigalle*. — Coloriste savant et subtil, portraitiste couronné.

Lefebvre (Jules), *5, rue La Bruyère*. — Académique. La Vérité, au Luxembourg, tableau célèbre.

Mercié (A.), *15, av. de l'Observatoire*. — Peintre et sculpteur. Correct et classique « Vénus », au Luxembourg.

Rochegrosse *61, bd. Berthier*. — Mythologique.

Rodin, *182, rue de l'Université.* — Grande intensité de vie. Cherche une voie nouvelle à la sculpture. (Reçoit le samedi.)

Roll, *41, rue Alphonse-de-Neuville.* — Puissant et lumineux, s'attache aux scènes de la vie populaire.

Roybet, *24, rue du Mont-Thabor.* — « Moyennageux », épisodes historiques ou scènes de cabarets.

Steinlen, *69, rue Caulaincourt.* — Dessinateur satirique et social. Le peintre des petites ouvrières.

Whistler, *110, rue du Bac.* — Très parisien, portraitiste élégant et psychologue.

Willette, *1, rue St-Eleuthère.* — Le Watteau moderne, délicat et satirique.

III. Littérateurs.

Barrès (Maurice), *100, bd. Maillot.* — *Sous l'œil des Barbares. Le jardin de Bérénice.*

Bourget (P.), *20, rue Barbet-de-Jouy.* — Romans psychologiques. *Sensations d'Italie. Cosmopolis. Cruelle énigme.*

Brunetière (Ferdinand), *4, rue Bara.* — Critique intransigeant et partial. Conférences mondaines à la Sorbonne, directeur de la revue des Deux-Mondes.

Claretie (J.), *155, bd. Malesherbes.* — Directeur de la Comédie-Française.

Clémenceau, *8, rue Francklin.* — Polémiste ardent et romancier profond. *Le plus fort. La Mêlée sociale.*

Coppée (Fr.), *12, rue Oudinot.* — Drames en vers et en prose. *Pour la couronne : Henriette.*

Daudet (Mme A. Julia Allard), *41, rue de l'Université.* — *Enfance d'une parisienne. Enfants et mères.*

Donnay (M.), *164, bd. Péreire.* — Auteur dramatique : *Lysistrata. Eux. Amants.*

Feydeau (G.), *50, av. du Bois-de-Boulogne.* — Comédies-Vaudeville. *Le fil à la patte. Champignol malgré lui. La Dame de chez Maxim's.*

France (Anatole), *5, Villa Saïd.* — Romancier et critique. *Thaïs, le Mannequin d'osier.*

Gyp (Mme la comtesse de Martel), *71, boulevard Bineau (Neuilly).*

Gréville (Henry), (Mme Alice Durand), *174, rue de Grenelle.* — *Les épreuves de Raïssa.*

Halévy (Ludovic), *22, rue de Douai.* — Romancier et auteur dramatique : *L'Abbé Constantin*, etc.

Héredia (J.-M. de), *11 bis, rue Balzac.* — Poète. *Les Trophées.*

Hervieu (P.), *23, av. du Bois-de-Boulogne.* — Comédies : *Les tenailles. Flirt. La loi de l'homme.*

Larroumet (G.), *23, quai Conti.* — Critique aimable et classique. *Marivaux. La comédie de Molière.*

Lavedan (H.), *15, rue d'Astorg.* — Auteur dramatique : *Le Nouveau jeu. Le vieux Marcheur.*

Lemaître (J.), *39, rue d'Artois.* — Etudes critiques et pièces de théâtre, *45, rue d'Auteuil.*

Lorrain (Jean), auteur. — *La dame turque. — 21 femmes.*

Maizeroy (René), *75. r. Berthier.* — Auteur : *La chair en joie. Amuseuse.*

Mendès (Catulle), *6, rue Boccador.* — Romancier, poète, dramaturge. *Zohar. La première maîtresse.*

Mirbeau (O.), *Carrières-sur-Poissy (Seine-et-Oise).* — *Le Calvaire. Le Jardin des supplices.*

Ohnet (G.), *14, av. Trudaine.* — *Serge Panine. Le maître de Forges. La comtesse Sarah.*

Prévost (Marcel), *40, rue Vineuse.* — *Les demi-Vierges. Le Jardin secret.*

Richepin, *9, rue Galvani.* — *Nana-Sahib. Vers la joie. Les blasphèmes (poésies).*

Rostand (Éd.), *29, rue Alphonse-de-Neuville* — *La princesse lointaine. Cyrano. L'Aiglon.*

Sardou (V.), *28, rue de Madrid.* — Auteur dramatique : *Patrie. Madame Sans-Gêne.*

Séverine, *14, bd. Montmartre.* — Journaliste. Collabore au *Journal*, à la *Fronde*, à l'*Éclair*.

Silvestre (Armand), *27, rue du Godot-de-Mauroy.* — Auteur : *Arlette.*

Sully-Prudhomme, *82, fg. Saint-Honoré.* — Poésies. *Le Vase Brisé. Poèmes philosophiques.*

Theuriet (André), *à Bourg-la-Reine près Paris.* — Auteur : *Frida. Petite dernière.*

Zola (E.), *21 bis, rue de Bruxelles.* — *Les Rougon-Macquart. Lourdes. Rome. Paris. Fécondité.*

enseignements nécessaires

TARIF DES VOITURES DE PLACE
(Fiacres)

DANS PARIS *Prises aux gares ou dans la rue.*	*LE JOUR		LA NUIT De min. 1/2 à 6 ou 7 h.	
	Course.	Heure.	Course.	Heure.
	fr. c.	fr. c.	fr. c.	fr. c.
Voitures à 2 places.........	1 50	2 »	2 25	2 50
— 4 —	2 »	2 50	2 50	2 75
— 6 —	2 50	3 »	3 »	3 50

* **Service de jour :** Du 1ᵉʳ avril au 30 septembre, de 6 h. du matin à minuit 1/2 ; du 1ᵉʳ octobre au 31 mars, de 7 h. du matin à minuit 1/2.

BAGAGES. — 1 colis, 25 centimes ; 2 colis, 50 centimes ; 3 colis et au-dessus, 75 centimes. Ne sont pas considérés comme colis : cartons, sacs de voyage, valise, etc. Le cocher est responsable des bagages.

HORS DES FORTIFICATIONS (Y compris les bois de *Boulogne* et *Vincennes*). *Prises sur la voie publique ou dans une gare.*	De 6 h. du matin à minuit en été, 10 h. du soir en hiver.	
	Si l'on rentre dans Paris avec la voiture.	*Si on laisse la voiture hors des fortifications.*
	La course ou l'heure.	Indemnité de retour.
Voitures à 2 places.........	2 50	1 »
— 4 —	2 75	1 »
— 6 —	3 »	2 »

La première heure se paye en entier ; le temps excédent se compte par fraction de **5** minutes. — Le transport dans les communes non contiguës à Paris et *dans celles contiguës* (voir ci-dessous), après 10 h. du soir en hiver et après minuit en été, se règle de gré à gré.

CALCUL DES FRACTIONS EN SUS DE L'HEURE

D'après l'heure	Minutes. — A l'heure complète, le voyageur n'a qu'à ajouter les fractions en sus, divisées par minutes.										
	5	10	15	20	25	30	35	40	45	50	55
à 2 fr.....	» 20	» 35	» 50	» 70	» 85	1 »	1 20	1 35	1 50	1 70	1 85
à 2 fr. 25.	» 20	» 40	» 60	» 75	» 95	1 15	1 35	1 50	1 70	1 90	2 10
à 2 fr. 50.	» 25	» 45	» 65	» 85	1 05	1 25	1 50	1 70	1 90	2 10	2 30
à 2 fr. 75.	» 25	» 50	» 70	» 95	1 15	1 40	1 60	1 85	2 10	2 30	2 55
à 3 fr.....	» 25	» 50	» 75	1 »	1 25	1 50	1 75	2 »	2 25	2 50	2 75

Le cocher est obligé d'aller au lieu du chargement, mais s'il est à la course, et y attend plus de 10 minutes, il peut réclamer le prix de marche à l'heure.

Toute voiture qui stationne est *obligée* de marcher à l'*heure*.

Tout cocher qui vous a laissé *monter* dans sa voiture est *obligé* de marcher où vous voulez.

Quoique pris à la course, le cocher est tenu de laisser monter ou descendre en route. — Dans aucun cas, le cocher ne peut réclamer de *pourboire* : il est d'usage de lui donner 25 ou 30 centimes pour la course, et 50 centimes pour chaque heure. Il est tenu d'être *poli* et relève de la Préfecture de Police, à laquelle on doit adresser les plaintes. On peut aussi transcrire les réclamations sur le registre spécial qu'on trouve dans les kiosques des stations de voitures. En cas de contestation bruyante, donner l'adresse du plus proche commissariat de police où on s'expliquera mieux qu'avec un agent.

Tout cocher pris à la course avant minuit et demie, est tenu de la terminer au tarif de la course de jour (1 fr. 50).

Un cocher peut refuser des bagages si sa voiture n'a point de *galerie*.

**

Le cocher est tenu de déposer à la Préfecture de Police, dans les 24 heures, les objets trouvés. Les objets oubliés (en nature) peuvent aussi être réclamés au Siège Central de la Cie des Petites Voitures, 1, Place du Théâtre-Français, de 9 h. du matin à 10 h. du soir (*Téléphone*). — Avant de monter en voiture, si l'on a des bagages, toujours prendre le N° de la voiture inscrit sur les verres des lanternes ou sur le bulletin réglementaire ; exiger du cocher la remise de ce bulletin.

Omnibus et Tramways

Paris est sillonné de lignes d'omnibus et de tramways, mais à certaines heures (de 4 à 7 h.), il est bien difficile d'y trouver de la place. Dès qu'on arrive à un bureau d'omnibus, il faut prendre ou demander un numéro pour l'omnibus qu'on veut prendre. On réussit quelquefois mieux à trouver de la place, en allant à la rencontre de l'omnibus attendu, mais pour avoir le droit de monter ou de faire arrêter, il faut être éloigné d'au moins 150 mètres du bureau, et en ce cas, on perd le bénéfice de sa « correspondance » si l'on descend d'un premier véhicule.

Places d'impériale, 15 cent., **d'intérieur**, 30 cent.

celles-ci donnant droit à une « **correspondance** » qu'il faut réclamer en payant sa place. La correspondance vous permet de descendre à un autre bureau et y prendre gratuitement un second omnibus ou tramway qui doit, celui-là, vous conduire à destination. Reprendre, en arrivant au bureau correspondant un numéro pour la 2º voiture, et le remettre avec sa « correspondance » au conducteur qui appelle les numéros d'ordre, à l'arrivée de la voiture.

Pour 30 cent., avec un billet de correspondance, on peut voyager **d'un bout à l'autre de Paris**.

Exemple : De *Montrouge* vous voulez vous rendre à *Montmartre*. Vous prenez le tram *Montrouge-Gare de l'Est* et vous payez 30 cent. en demandant une *correspondance*. Vous descendez au bureau de la place *Saint-Michel* où vous prenez un Nº pour *Halle-aux-Vins-Place Pigalle*; en montant dans la voiture de *Pigalle*, vous donnez votre Nº et votre correspondance, et vous arrivez, sans payer de nouveau, à Montmartre, pour 30 cent. seulement.

En payant 30 cent., le voyageur d'impériale peut aussi obtenir une « correspondance » qui lui permettra, dans la prochaine voiture, d'occuper gratuitement une place d'intérieur ou d'impériale.

Les conducteurs et contrôleurs vous donnent tous les renseignements nécessaires pour l'itinéraire le plus direct.

Quand on prend une voiture en marche, bien s'assurer qu'elle va dans la direction qui est la vôtre; regarder l'écriteau placé en arrière au-dessus de la plate-forme.

A la sortie des Théâtres, des omnibus spéciaux font le service des principaux quartiers. Les correspondances seront reçues dans ces voitures.

POINTS DE DÉPART.		HEURES DE DÉPART.		DESTINATIONS.	
	Boulev. des Italiens, 10..		Minuit 20		Wagram.
	—		Minuit 10		Odéon.
	—		Minuit 25		Montmartre.
	—		Minuit 20		Maine.
	Porte Saint-Martin......		Minuit 20		Les Ternes.
	—		Minuit 15		La Villette.
	Palais-Royal..........		Minuit 15		Clichy.
	—		Minuit 15		Grenelle.
	Châtelet................		Minuit 15		Batignolles.
	—		Minuit 20		Ménilmontant.
	Rue du Louvre.........		Minuit 30		St-Fargeau.

Bateaux Parisiens

Des « mouches » confortablement aménagées sillonnent la Seine dans sa traversée de Paris (V. plus loin).

Plusieurs lignes :

1º **Pont d'Austerlitz** (Jardin des Plantes) **Auteuil.** — En une heure environ, avec 14 escales et des pontons au ras du quai.

Les mouches marchent de 6 h. m. à 8 h. et 8 h. 1/2 s. Un départ dans les deux sens toutes les 8 minutes.

Places : En semaine, 0 fr. 10 ; le dimanche, 0 fr. 20.

Prix *unique*, à quelque station qu'on descende.

2º **Charenton-Point du Jour.** — Le trajet est un peu plus long et les prix un peu plus élevés : 0 fr. 20 en semaine, 0 fr. 25 le dimanche.

Les escales se font de préférence aux quais de la *rive gauche*, tandis que celles de la ligne précédente se font sur la *droite*.

3º **Les Tuileries-Saint-Cloud et Suresnes.** — Trajet très pittoresque le long des rives de Meudon, Bellevue, Sèvres, Saint-Cloud, Boulogne, etc.

Prix : 0 fr. 20 en semaine, 0 fr. 40 le dimanche.

Il y a foule les jours de courses à Longchamp et à Auteuil, surtout au retour, le soir.

Les dimanches, départ toutes les 5 m.; autrement, toutes les 30 m.

4º **Paris-Ablon.** — Embarcadère au quai de l'*Hôtel-de-Ville*. — Le service n'a lieu que les dimanches et fêtes seulement.

Le trajet est long, 1 h. 45 environ.

Tous ces bateaux possèdent en été des toiles qui vous abritent du soleil ; en cas de pluie, on se réfugie dans les salons de l'entrepont ; il y a un salon réservé aux *fumeurs*.

Les *bicyclettes* et les *bagages* peu encombrants sont transportés gratuitement quand il n'y a pas foule à bord ; les chiens sont admis.

La Compagnie des bateaux parisiens loue ses bateaux avec leur personnel, à des particuliers ou à des sociétés pour une promenade en Seine d'une journée.

Le "Touriste"

Ce bateau, plus vaste que les « mouches » ordinaires, fait une excursion quotidienne de *Paris* à *Saint-Germain-en-Laye* (et retour). Le trajet est très pittoresque (quoique un peu long) à travers les capricieux méandres de la Seine et leurs rives verdoyantes. Le *départ* a lieu chaque matin à 10 h. 1/2 au pont Royal. Prix, aller et retour : 3 fr. 50. Il est commode de déjeuner à bord (à prix fixes : 4 et 6 fr. Dîner 5 et 7 fr.). Il y a également un café-restaurant à bord.

Le Métropolitain

Une ligne principale traversant tout Paris, du Bois de Boulogne au Bois de Vincennes, et deux lignes secondaires partant de la place de l'Etoile.

LIGNE PRINCIPALE : **Porte Dauphine** (Bois de Boulogne) — **Porte de Vincennes.** — Long. 11 kilom. Nombreuses stations sur le parcours, presque entièrement souterrain et largement éclairé à l'électricité. Pl. de l'Etoile, Porte Dauphine, pl. Victor-Hugo (*embranchements*, v. plus bas). Av. de l'Alma, r. Marbœuf, Champs-Elysées (EXPOSITION), pl. de la Concorde, Tuileries, Palais-Royal (rue de Rivoli), Louvre, Châtelet, Hôtel de Ville, r. Saint-Paul, pl. de la Bastille, gare de Lyon, r. de Reuilly, pl. de la Nation, Cours et Porte de Vincennes.

LIGNES SECONDAIRES : 1º **Place de l'Etoile-Porte Maillot** (Bois de Boulogne, Jardin d'Acclimatation).
Stations: Etoile, r. d'Obligado, Porte Maillot.

2º **Place de l'Etoile-Trocadéro (Exposition).**
Stations: Etoile, les Bassins, r. Boissière et Trocadéro (*Exposition*).

DEUX CLASSES : 1re cl., 0 fr. 25 ; 2e cl., 0 fr. 15, *quelle que soit la distance à parcourir*. Les bagages sont admis au-dessous de 10 kilos dans les compartiments.

Vitesse des trains : environ 35 kil. à l'heure.

Aller et Retour. — Avant 9 h. du matin tout voyageur a droit, pour 0 fr. 20 au lieu de 0 fr. 15, à un billet qui lui permet de revenir dans le sens contraire par un train quelconque (ouvriers, employés, etc.).

Voitures automobiles

Plusieurs *fiacres automobiles* (mus par l'électricité) stationnent généralement près des grands cafés et des grands restaurants sur les grands boulevards, et surtout place de l'Opéra et avenue de l'Opéra, en face du Comptoir d'Escompte. Il n'y a point de tarif fixe. On devra s'entendre avec le cocher, suivant qu'on désire le prendre à l'heure, à la course, à la journée.

Les Commissionnaires

Stationnent au coin des rues ou sur le bord des trottoirs très fréquentés, reconnaissables à leur casquette numérotée, à leur *boîte* (contenant les brosses et cirage et à leur *crochet* appuyé contre un bec de gaz.

Cirage de souliers : 0 fr. 20.

Courses : En principe, 0 fr. 75 l'heure; 1 fr. pour monter une malle; 2 fr. pour porter une lettre dans un quartier éloigné.

Principaux Cercles ou Clubs Parisiens.

Le Jockey.
1, rue Scribe.
L'Union.
11, boulev. de la Madeleine.
Cercle de la rue Royale ou Petit-Club.
1, rue Royale.
Le Sporting.
2, rue Caumartin.

L' « Epatant » ou Union artistique.
5, rue Boissy-d'Anglas.
Yacht-Club.
6, place de l'Opéra.
Grand cercle ou des « Ganaches ».
16, boulev. Montmartre.
Cercle de l'Automobile.
Place de la Concorde.

Poste, Télégraphe, Téléphone

Les bureaux de poste sont ouverts de 7 h. (été) ou 8 h. du matin (hiver) à 9 h. du soir (dimanches et fêtes, jusqu'à 4 h. du soir); celui de la rue des Halles ouvre en toute saison à 7 h. du matin. Le Bureau central des Postes est rue du Louvre. En dehors des autres bureaux établis dans chaque quartier, et *numérotés*, on trouve, installés chez des négociants, un certain nombre de bureaux auxiliaires qui débitent *timbres, bandes, cartes-postales, cartes-lettres, cartes-télégrammes*, etc., reçoivent et émettent les mandats français au-dessous de 300 fr., les bons de poste, les lettres et objets recommandés.

Les **heures des levées** (dix par j.) sont indiquées sur les boîtes des bureaux. Pour qu'une lettre parte par les courriers du soir, la mettre : dans les quartiers excentriques, avant 4 h. 30; aux bureaux de quartier, aux bureaux de poste avant 5 h. 15; dans les quartiers du centre, avant 5 h. aux bureaux de quartier, 5 h. 45 aux bureaux de poste; avant 6 h. au bureau central.

Des **levées exceptionnelles** ont lieu 3o minutes après la levée générale *du soir*. Taxe supplémentaire, 5 c. par lettre et à 7 h. et 7 h. 40, à l'hôtel des Postes, sans surtaxe pour les courriers : du Havre, de la petite et de la grande banlieue de Paris, jusqu'à 9 h. et 9 h. 3o; de l'Angleterre, jusqu'à 10 h. 35 (rue d'Amsterdam) et 11 h. gare St-Lazare.

En outre, on peut faire partir les lettres, sans surtaxe : dans toutes les gares, en les portant au bureau de ces gares ou au fourgon des derniers trains-poste, et avec surtaxe de 5 c. dans tous les grands cafés et brasseries, jusqu'à 6 h. 40, et à l'Agence Fournier, 1, rue de la Bourse, jusqu'à 7 h. 3o, pour les lignes d'Orléans et de Lyon, 7 h. 20 pour celles de l'Ouest (Montparnasse), 7 h. 35 pour celles de St-Lazare, du Nord et de l'Est.

On trouve dans les bureaux de poste des timbres depuis o fr. 01 c. jusqu'à 5 fr., il est préférable de les acheter dans les bureaux de tabac, moins encombrés. *Cartes-postales* : o fr. 10, pour la France et l'étranger; o fr. 20, avec réponse payée; o fr. 25, recommandée avec réponse payée. *Cartes-lettres* fermées, à 15 c. pour la France et o fr. 25 pour l'étranger, soumises aux mêmes règlements généraux que les lettres. On trouve des écritoires et des plumes pour faire sa correspondance, dans les bureaux de poste et la plupart des bureaux de tabac.

Affranchissement. — Lettres ordinaires et autres lettres : France, Algérie, Colonies françaises : 15 c. par 15 gr. ou fraction.

Étranger (union postale), 25 c. par 15 gr. Pour toutes les lettres : recommandation, 25 c. en plus.

Lettres chargées : deux ou cinq cachets de cire obligatoires aux quatre côtés de l'enveloppe; maximum 10 000 fr., même taxe fixe que pour les autres lettres, plus, pour la France : 1° droit de o fr. 25 ; 2° 10 c. par 5oo fr. ; pour l'étranger : 1° o fr. 25 de supplément par 15 gr., et 10, 20, 25 ou 35 c. par 3oo fr. selon pays. Remboursement de la valeur déclarée en cas de perte. *Mandats* : deux sortes, français, ne circulant qu'en France et colonies, et internationaux pour les pays de l'union postale. Droit d'envoi : jusqu'à 5 fr. o5 c. par 5 fr., de 20 à 25 fr., 25 c.; de 5o à 100 fr., 5o c.; de 100 à 3oo fr., 75 c.; de 3oo à 5oo fr., 1 fr. Au-dessus de 5oo fr., 1 fr. et pour le surplus, 25 c. par 5oo fr. ou fraction. Ne sont payables que sur présentation de pièces d'identités ou enveloppes de lettres reçues, au nom du porteur. *Mandats-cartes* : payables à domicile, taxe, 10 c. Mandats *télégraphiques* : tarif des mandats, plus le prix de la dépêche, maximum 5 000 fr. *Bons de poste* : de 1 à 20 fr. Droit 5 c., de 1 à 10 fr.; dr. 10 c., de 10 à 20 fr. On peut les toucher *n'importe où*, sauf toutefois à l'étranger.

Poste restante. — Les lettres ordinaires, recommandées ou non, adressées *poste restante à Paris*, ne peuvent être retirées qu'au *Bureau central, rue du Louvre*. On peut aussi les faire adresser à tous les autres bureaux, en mettant l'adresse ou le numéro de ce bureau. Elles sont conservées pendant deux mois, non compris celui d'arrivée. Les lettres adressées sous initiales ou numéro peuvent être retirées sans pièces d'identité. Pour celles adressées à un nom quelconque des pièces d'identité sont nécessaires. Pour tous les envois d'argent, il faut des pièces authentiques, établissant l'identité, passeport, certificat du consulat ou carte d'identité légalisée par le commissaire de police.

TÉLÉGRAPHE. — Installé dans la plupart des bureaux de poste : mêmes heures d'ouverture que ceux-ci. Seuls sont ouverts aux échanges télégraphiques jusqu'à 11 h. du soir, les bureaux des Champs-Élysées, de la gare du Nord, des Halles, de l'avenue de l'Opéra, de la place du Havre, — et toute la nuit, ceux de la rue de Grenelle et de la Bourse. Tarif : 0 fr. 05 par mot, minimum de prix : 0 fr. 50, pour la France, la Corse, l'Algérie et la Tunisie. Réponse payée (R.P.), taxe de dix mots pour la réponse (on peut payer pour plus de 10 mots). On peut faire suivre gratuitement un télégramme par la poste, soit à l'intérieur, soit à l'étranger. — Dans le service international, on peut obtenir la priorité de transmission ou de remise : taxe double, en plus de la taxe ordinaire, et le langage secret ou chiffré est admis.

Pour Paris : cartes-télégrammes ouvertes, 30 c.; fermées, 50 c.; enveloppes pneumatiques (très commodes et très pratiques) dans lesquelles on peut insérer une lettre de 7 gr., 50 c.; 15 gr., 1 fr., la transmission la plus rapide est la transmission directe par télégraphe.

TÉLÉPHONE. — Correspondance avec l'étranger : Paris-Londres, jour et nuit (3 m.), 10 fr. — Paris-Bruxelles et Anvers (5 m. et 2 m. durant la Bourse), 3 fr., le jour. — **Dans Paris** : 25 c. par conversation de 3 minutes. Pour la province : prix selon la distance. — *Messages téléphonés*.

FÊTES FORAINES

ARRⁱˢ	FÊTES FORAINES	DATES ET DURÉE
	Foire aux Jambons, Boulevard Richard-Lenoir.....	Les mardi, mercredi et jeudi de la semaine qui précède Pâques.
	Foire aux Pains d'Epices, Place de la Nation, Cours de Vincennes, etc.............	Pendant 15 jours à partir du jour de Pâques
	Foire de Neuilly, Avenue de Neuilly..........	Du 2ᵉ dimanche de juin au 1ᵉʳ dimanche de juillet.
	Fête des Loges, Dans la forêt de Saint-Germain.	Durée 10 jours depuis le 1ᵉʳ dimanche qui suit le 25 août.
	Fête de Saint-Cloud, Parc de Saint-Cloud.........	Durée 5 semaines à partir du 1ᵉʳ dimanche de septembre.
7ᵉ	Fête des Invalides, Sur l'Esplanade.............	Du 15 mai au 6 juin.
14ᵉ	Lion de Belfort.................	Du 24 septembre au 9 octobre.
15ᵉ	Boulevards Vaugirard, Pasteur, Garibaldi, de Grenelle.	Du 26 septembre au 11 octobre.
18ᵉ	Boulevards Rochechouart et de la Chapelle...................	Du 7 au 22 novembre.

A la fête de Neuilly.

MUSIQUES MILITAIRES

Buttes-Chaumont.......	Rue Manin (XXᵉ).......	Le Dimanche et Jeudi.
Jardin des Plantes.....	Quai St-Bernard (Vᵉ)....	Le Dimanche.
Luxembourg	Bd St-Michel (VIᵉ)......	Dimanche, Mardi, Vendredi. *Garde Républic.*: 2ᵉ mardi et dernier vendredi.
Palais-Royal...........	....	Dimanche, Mercredi, Vend. *Garde Républicaine*: 1ᵉʳ et 3ᵉ vendredis.
Parc Monceau..........	....	Dimanche.
Parc Montsouris........	....	Dimanche.
Parc de la Muette......	Ranelagh............	Jeudi.
Tuileries..............	....	Dimanche, Mardi, Jeudi. *Garde Républic.*: 4ᵉ Dim., les Mardis sauf les 2ᵉ et 4ᵉ.

MUSÉES DE FIGURES DE CIRE

Musée de la Porte-Saint-Martin	8, boul. Bonne-Nouv.
Nouveau Musée	14, boul. St-Martin.
Musée Grévin	10, boul. Montmartre

PANORAMAS

Panorama de la Bastille	Place Mazas.
Panorama de la Bataille de Patay	Rue Becquerel.
Panorama de l'Escadre Russe à Toulon	Neuilly (Pte Maillot). rte de la Révolte.
Panorama de Jérusalem	18, Rue Lamarck.
Panorama de la Terre Sainte	3, Rue St-Eleuthère.

Massage.

Ambrosio	Rue des Belles-Feuilles, 7.
Berg	Av. des Champs-Élysées, 120.
Mme Chasserant-Dubreuil	Rue La Condamine, 69.
Mlle Haurigot	Rue de la Pompe, 138.
Sevadé	Rue Vintimille, 8.
Jeanne Vertensten	Rue Lafayette, 54.
Mme Sitt	Av. de l'Opéra, 34.
Gunnard	Bd Malesherbes, 112.
Rodet	Rue Boileau, 12.
Poirier	Rue Richer, 34.

Somnambules.

Les somnambules parisiennes sont extra-lucides; en allant les consulter, vous connaîtrez non seulement votre avenir, mais encore tout ce qui se passe chez vous pendant votre abscence.

Mmes Abel	Rue J.-J.-Rousseau, 37.
— Alexandre	Bd Sébastopol, 30.
— Auffinger	Rue du Four, 15.
— de Ria	Rue J.-J.-Rousseau, 13.
— Gran	Fb Montmartre, 33.
— Ivanne	Rue N.-D. de Nazareth, 10.
— Lenormand	Rue du Bac, 109.
— Mongruel	Chaussée d'Antin, 6.
— Sémiramis	Rue Saint-Lazare, 100.

Cartomanciennes et Chiromanciennes.

Les cartomanciennes prédisent l'avenir au moyen des cartes, et les Chiromanciennes le lisent dans les lignes de la main.

Mmes de Thèbes.......	Avenue Wagram, 29.
— *Anojuste*.........	Rue J.-J.-Rousseau, 54.
— *Blanche*..........	Rue Saint-Anne, 58.

Bars.

Maxim's................	Rue Royale, 3.
Bar de l'Opéra.........	Place de l'Opéra.
Calisaya..............	Bd des Italiens, 27.
Cottier................	Rue Saint-Honoré, 175.
Edwards...............	Rue Marbeuf, 25.
Delbort...............	Rue d'Amsterdam, 13.
Fred..................	Rue Caumartin, 34.
George's American Bar.	Rue Cambon, 48.
Hill..................	Rue des Mathurins, 2.
The Cosmopolitan Bar.	Rue Scribe, 44.

CARROSSERIE

Félix COSSET

Grand Choix de Voitures Neuves et d'Occasion

35, AVENUE WAGRAM,

8, RUE DE L'ÉTOILE

PARIS

Ne voyagez pas

SANS LES

Guides Conty

ÉDITION FRANCAISE

Paris en poche.	2 50	
Environs de Paris.	2 50	

Réseau du Nord.. ...	3 »	Paris à Marseille. ...	2 50
La Belgique	3 »	La Méditerranée ...	2 50
Suisse circulaire.. ...	3 »	Londres en poche ...	2 50
Hte-Savoie et Valais.	3 »	La Hollande	2 50
Normandie...	2 50	Suisse orientale... ...	2 50
Bretagne-Ouest. ...	2 50	Engadine...	2 50
Basse-Bretagne	2 50	Bords du Rhin	2 50
Bords de la Loire ...	2 50	Vichy en poche ...	1 50
Réseau de l'État.. ...	2 50	Rouen et Le Havre ...	1 »
Aix-les-Bains	2 50	Bruxelles...	1 »
Les Pyrénées.	2 50	Spa..	1 »
Réseau de l'Est. ...	2 50	Ostende	1 »

ÉDITION ANGLAISE

Pocket Guide to Paris...	2/6
Paris to Nice	2/6
Belgium.	2/6
Environs of Paris.	1/6

PLANS CONTY

La Clef de Paris	1 »

Ameublements de Style

MERCIER FRÈRES

Rue du Faubourg-Saint-Antoine, 10

PARIS

CATULLE MENDÈS *Collection*
"*La Voie Merveilleuse*"

BÊTES ROSES

NOUVELLES

Orné de nombreuses illustrations obtenues par la

PHOTOGRAPHIE d'après NATURE

dont 5 planches **EN COULEURS**

Prix broché : **2 fr. 50** ; relié : **4 fr.**

En vente chez tous les Libraires

LA FEMME ET L'AMOUR

1re SÉRIE

Format : 18 × 25

✳

Le volume

(8 livraisons)

cartonné

6 fr.

✳

La première série de 8 livraisons forme un des plus luxueux et des plus artistiques ouvrages qui ait été fait sur ce captivant sujet : *La Femme et l'Amour*. Les plus belles pages des auteurs anciens, des auteurs du moyen-âge, des auteurs critiques du dix-huitième siècle, les merveilleuses scènes des Védas, les livres saints Indous : le Kama Soutra, le Zend Avesta, jusqu'au Cantique des Cantiques du grand Salomon sont présentés au public sous la lumière éclatante de l'illustration par la *Photographie*.

Paul et Victor MARGUERITTE Collection
"Excelsior"

LE POSTE DES NEIGES

ROMAN INÉDIT

*Orné de nombreuses illustrations obtenues par la
PHOTOGRAPHIE d'après NATURE*

Prix : broché, 3 fr. 50 ; relié, 5 fr.
EN VENTE CHEZ TOUS LES LIBRAIRES

Gyp

Collection
" La Voie Merveilleuse "

L'ENTREVUE

PETIT ROMAN INÉDIT

✻

Orné de nombreuses illustrations obtenues par la PHOTOGRAPHIE d'après NATURE dont 5 Planches **EN COULEURS**

✻

Prix Broché............ 2 fr. 50
— Relié............. 4 fr. »

En vente chez tous les Libraires

Les Femmes Galantes

Scènes reconstituées par la **PHOTOGRAPHIE**

(FORMAT 18/26)

Complet en 16 livraisons à 60 centimes

— Une Cour sans femmes est une année sans printemps, un printemps sans roses. —

C'est dans une suite de pages lumineuses et complètes, l'exposé toujours heureux, toujours bien choisi des scandales des cours, des aventures qu'ont abrité les châteaux, les couvents et les palais. Tout cela charmant et coloré, est illustré par de délicieuses photographies qui mettent sous nos yeux la physionomie ressemblante, exacte des Lavallière, des Montespan, des Gabrielle d'Estrées, des Ferronnière, de toutes les héroïnes enfin de ces différentes époques. Et ça n'a pas été sans des recherches infinies et minutieuses que nous avons pu trouver ces documents vivants, faisant revivre sous nos yeux la physiologie des belles disparues.

PIERRE GUÉDY. *Collection "Excelsior"*

Amoureuse Trinité

ROMAN INÉDIT

Orné de cent illustrations obtenues par la
photographie d'après nature

Prix : broché, **3 fr. 50** ; relié, **5 fr.**
EN VENTE CHEZ TOUS LES LIBRAIRES

ANDRÉ THEURIET
de l'Académie Française.

Collection
"La Voie Merveilleuse"

FRIDA

PETIT ROMAN INÉDIT

Orné de nombreuses illustrations
obtenues par la PHOTOGRAPHIE *d'après* NATURE
dont Cinq Planches **EN COULEURS**

Prix broché : 2 fr. 50 ; relié : 4 fr.

En vente chez tous les Libraires

Gyp

Collection "Excelsior"

TOTOTE

ROMAN INÉDIT

Orné de

Cent illustrations

obtenues par la

PHOTOGRAPHIE

D'APRÈS

NATURE

Prix : broché, 3 fr. 50 ; relié, 5 fr.

En vente chez tous les Libraires

Jean LORRAIN Collection "La Voie Merveilleuse"

LA DAME TURQUE

PETIT ROMAN INÉDIT

✻

Orné
de nombreuses illustrations
obtenues par la
PHOTOGRAPHIE
d'après NATURE
dont
 Plusieurs Planches
EN COULEURS
et un Portrait
de l'Auteur

✻

Prix broché : 2 fr. 5o. — Relié : 4 fr.

EN VENTE CHEZ TOUS LES LIBRAIRES

Collection "Excelsior" — Edmond LEPELLETIER
Clément ROCHEL

Les Amours de Don Juan

ROMAN INÉDIT

Orné de **Cent Illustrations**
obtenues par la **PHOTOGRAPHIE** d'après **NATURE**

Prix Broché : 3 fr. 50. — Relié : 5 fr.
En vente chez tous les Libraires

Pierre GUÉDY   Collection
                "La Voie Merveilleuse"

L'HEURE BLEUE

PETIT ROMAN INÉDIT

Orné de nombreuses illustrations
obtenues par la PHOTOGRAPHIE d'après NATURE
dont 5 Planches **EN COULEURS**

PRIX : Broché............................. 2 FR. 50
—   Relié .... 4 FR. »

En vente chez tous les Libraires

CARMEN SYLVA
(Reine de Roumanie)

Collection
"*La Voie Merveilleuse*"

LE HÊTRE ROUGE

PETIT ROMAN INÉDIT

Orné de nombreuses illustrations
obtenues par la PHOTOGRAPHIE d'après NATURE
dont 5 planches **EN COULEURS**

Prix broché...... **2 fr. 50**
— Relié .... **4 fr.** »

EN VENTE CHEZ TOUS LES LIBRAIRES

LA GRANDE VIE

Grand Journal Parisien

Illustré uniquement par la

PHOTOGRAPHIE

d'après NATURE

Paraissant 2 fois par mois

CONTENANT

20 pages de texte

et

d'illustrations

Imprimé sur papier de luxe

Prix du Numéro : 0 fr. 60

ABONNEMENTS

PARIS :
Un an .... 14 fr.
Six mois .... 7 fr. 25

DÉPARTEMENTS :
Un an .... 16 fr.
Six mois .... 8 fr. 25

ÉTRANGER :
Un an .... 18 fr.
Six mois .... 9 fr. 25

6785-99. — CORBEIL, Imprimerie ED. CRÉTÉ.

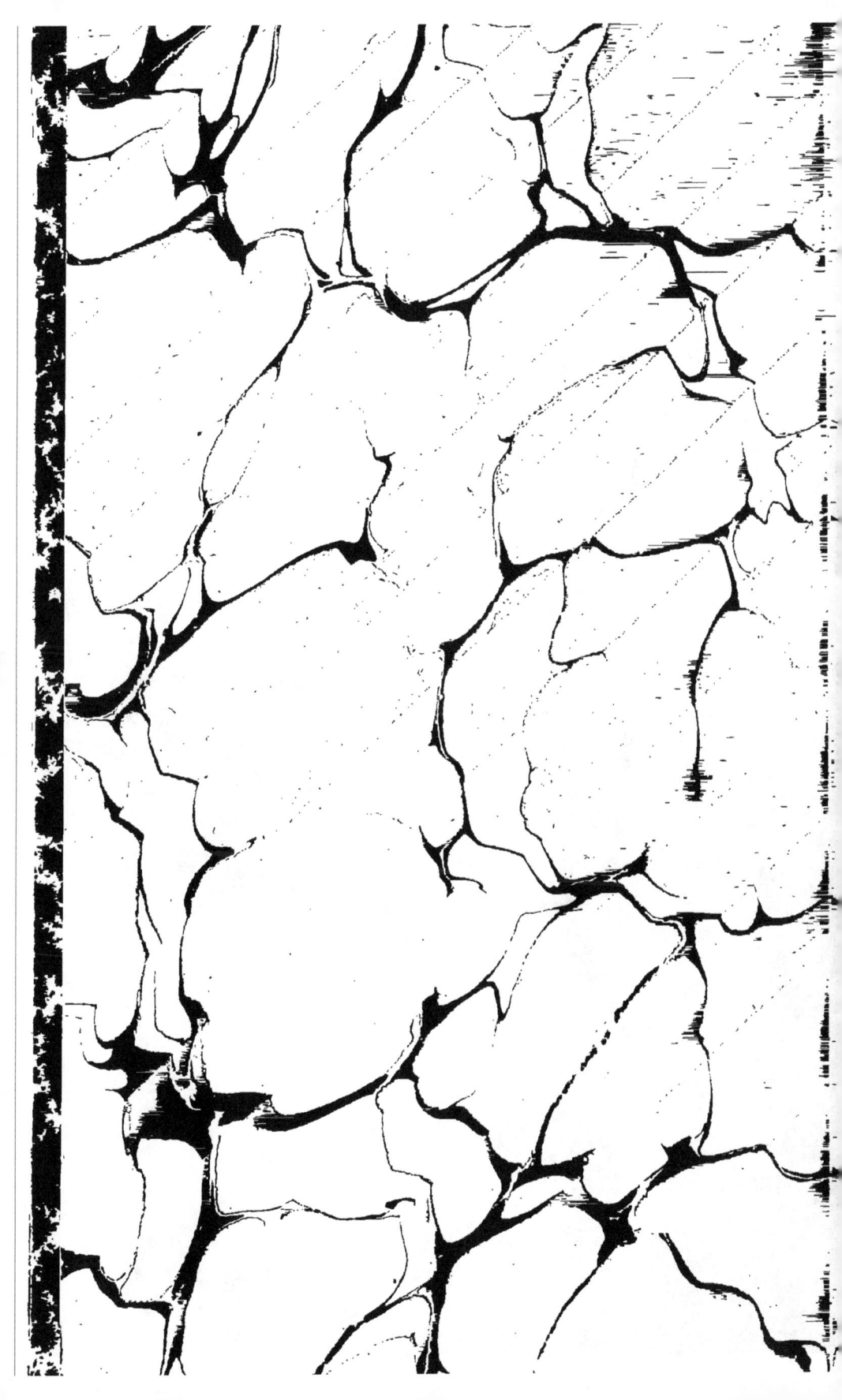

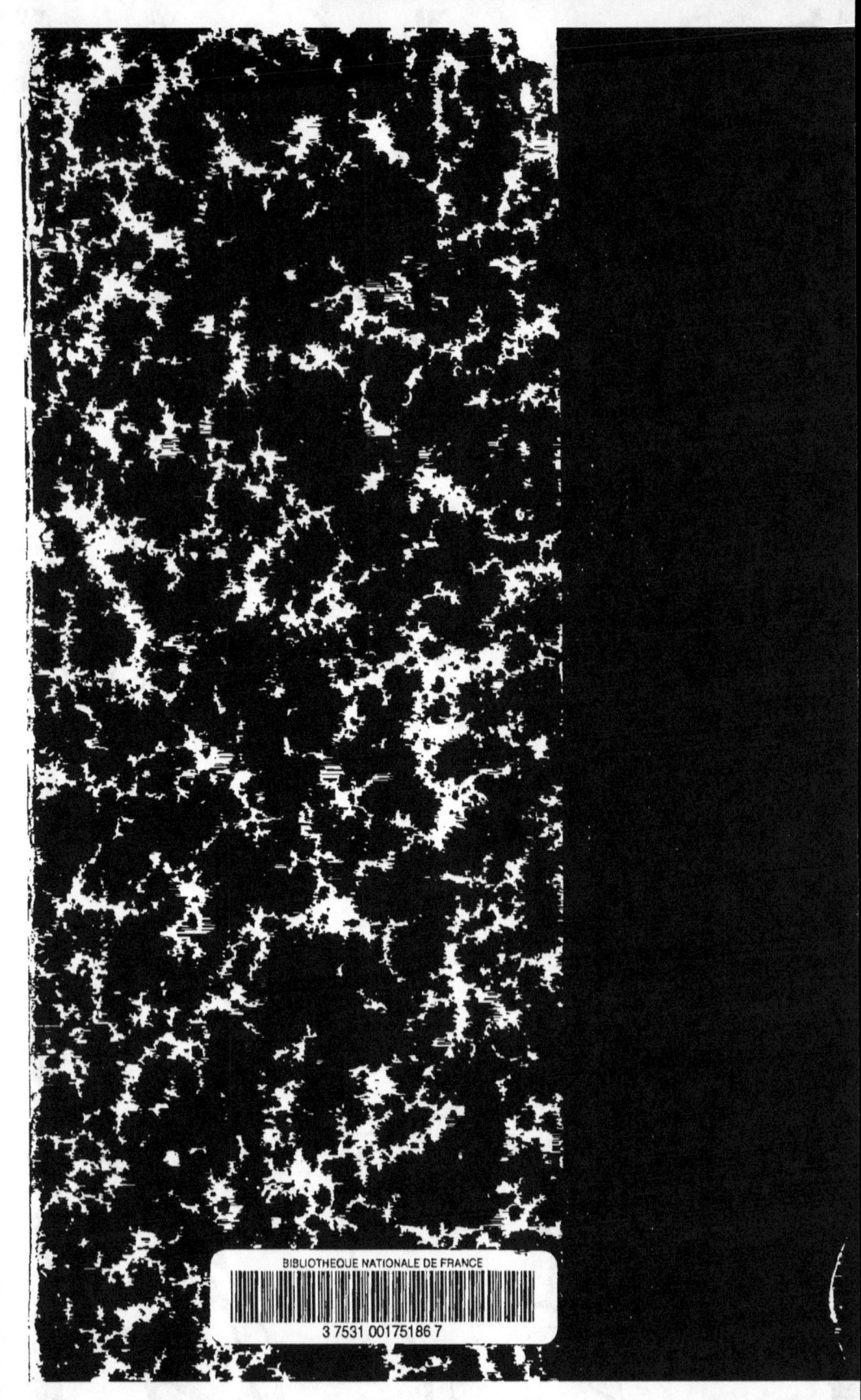

www.ingramcontent.com/pod-product-compliance
Lightning Source LLC
Chambersburg PA
CBHW070639170426
43200CB00010B/2076